ミニオンたちが　きみの　ところに　やって　きた！

わんぱくで　やんちゃな
ミニオンたちは、
かん字《じ》の　べんきょうを
して　いる　きみに
いろんな　イタズラを
しかけて　くるよ。
きみは　ミニオンたちの
イタズラに　まけずに、
この　ドリルを　やりとげる
ことが　できるかな？

ミニオンって？

さいきょうで　さいあくの
ボスに　つかえる　ことが
生《い》きがいの　なぞの　生《い》きもの。
きいろい　からだと
おそろいの　オーバーオールが
とくちょうだよ。

この 本《ほん》に とうじょうする ミニオンたち

ボブ

一生《いっしょう》けんめいで
じゅんすい。ちょっぴり
あまえんぼうだよ。

スチュアート

クールな　せいかく。
ギターと　うたが
とくいだよ。

ケビン

ミニオンたちの
しあわせを　いつも
かんがえて　いるよ。

カール

おちょうしもので、
たのしい　ことが
大《だい》すき。

フィル

きれいずきで、
よく　そうじを
して　いるよ。

オットー

おしゃべりが　大《だい》すき。
はに　きょうせいきぐを
つけて　いるよ。

ジェリー

やさしくて、子《こ》どもの
めんどうを　みるのが
とくいだよ。

デイブ

しんせつで、
おもいやりの　ある
こころの　もちぬし。

メル

ぶあいそうだけど
まじめな　ミニオン。

1 川・山・木

がつ にち

はじめ じ ふん
おわり じ ふん

なまえ

とくてん てん

かん字《じ》の かくにん

かくすう	かん字	つかいかた	よみかた
3かく	川（はらう）	川《かわ》 小川《おがわ》	（セン） かわ
3かく	山	山《やま》のぼり ふじ山《さん》	サン やま
4かく	木	木《き》 木《こ》かげ 大木《たいぼく》 木《もく》よう日《び》	ボク モク き・こ

①

ミニオンたちが、かん字《じ》を かくして しまったよ。かくれて いる かん字《じ》と おなじ かん字《じ》を、せんで むすぼう。

（ひとつ 10てん）

① 川 ★

② 山 ★

③ 木 ★

★ 山

★ 川

★ 木

★ 千

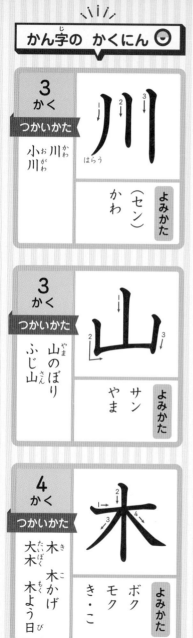

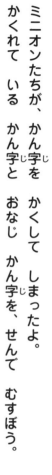

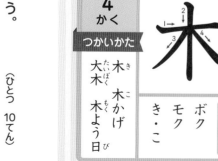

②

――の かん字《じ》の よみがなを かこう。

① 川の さかな。

② 山小《ご》やで ねる。

③ ふじ山に のぼる。

④ 木に のぼる。

⑤ 木かげに 入《はい》る。（きの かげ）

（ひとつ 7てん）

③

□に かん字《じ》を かこう。

① □《かわ》の 水《みず》。

② □《やま》の 上《うえ》。

③ □《さん》ちょうに つく。（やまの てっぺん）

④ 大《たい》□《ぼく》。（おおきな き）

⑤ □《もく》よう日《び》に 出《で》かける。

（ひとつ 7てん）

2 日・月・火

がつ　にち

はじめ　じ　ふん
おわり　じ　ふん

なまえ

とくてん　てん

かん字《じ》の　かくにん

4かく　日

はねる

つかいかた
日《にち》よう日《び》
七日《なのか》　休日《きゅうじつ》

よみかた
ニチ
ジツ
ひ・か

4かく　月

はねる

つかいかた
月見《つきみ》　正月《しょうがつ》
まん月《げつ》

よみかた
ゲツ
ガツ
つき

4かく　火

はらう

つかいかた
火《ひ》
火《か》よう日《び》

よみかた
カ
ひ
(ほ)

①

ミニオンたちが、カレンダーの　かん字《じ》を　たまごに　すりかえたよ。
①～③に　入《はい》る　よう日《び》の　かん字《じ》を　□に　かこう。

(ひとつ　10てん)

2000年《ねん》　4がつ						
①	②	③	水《すい》	木《もく》	金《きん》	土《ど》
	1	2	3	4	5	6
7	8	9	10	11	12	13
14	15	16	17	18	19	20

③　□

②　□

①　□

2

——の かん字《じ》の よみがなを かこう。

① きれいな 夕日。（ゆう）

② 四《し》月《がつ》七日。（なの）

③ 月見を する。（み）

④ 正月の かざり。（しょう）

⑤ 火を けす。（　　）

（ひとつ 7てん）

3

□に かん字《じ》を かこう。

① □《にち》よう□《び》。

② 休《きゅう》□《じつ》。
（しごとや がっこうが やすみの ひ）

③ □《つき》を ながめる。

④ まん□《げつ》の しゃしん。

⑤ □《か》よう□《び》の よてい。

（ひとつ 7てん）

3 田・水・石

がつ　にち

はじめ　じ　ふん
▼
おわり　じ　ふん

なまえ

とくてん　てん

かん字《じ》の かくにん

田　5かく

よみかた：デン　た

つかいかた：田《た》うえ　田《でん》えん

水　4かく

よみかた：スイ　みず

つかいかた：水《みず》たまり　水《すい》えい

石　5かく

よみかた：セキ　シャク　（コク）　いし

つかいかた：石《いし》　か石《せき》　じ石《しゃく》

①

ミニオンたちが、□の かん字《じ》を えに かえて しまったよ。
もとの かん字《じ》を □に かこう。

（ひとつ 10てん）

水・石・田

①

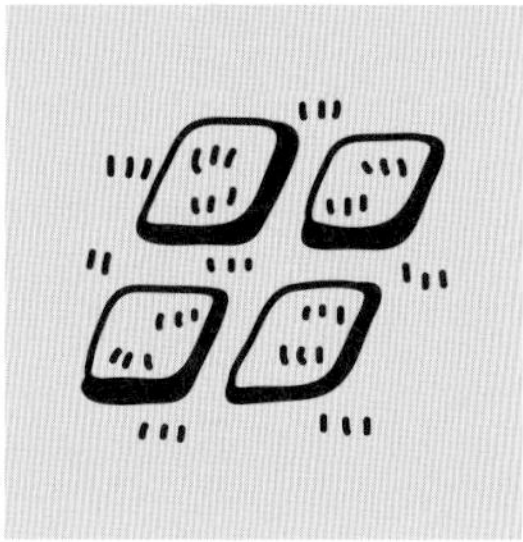

②

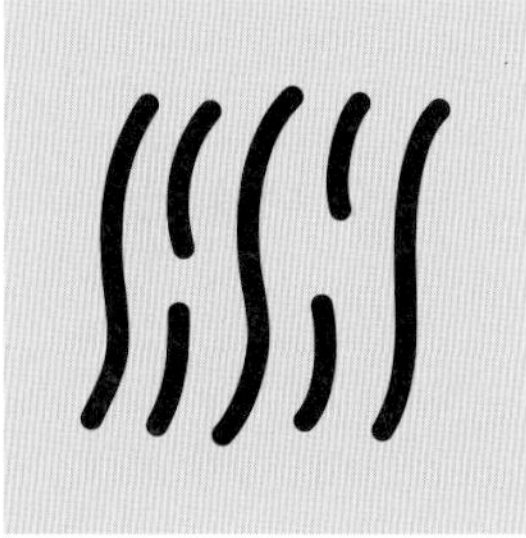

③

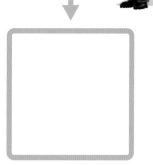

2

―の かん字《じ》の よみがなを かこう。

①（　　）
田うえの きせつ。

②（　　）
田えんの ふうけい。（たや はたけ）

③（　　）
水音が する。

（おと）

④（　　）
きょうりゅうの 化石。

⑤（　　）
石を ひろう。

（ひとつ 7てん）

3

□に かん字《じ》を かこう。

① □《た》はたを たがやす。

② □《みず》あびを する ぞう。

③ □《すい》えい。

④ □《いし》を つむ。

⑤ じ□《しゃく》を つかう。（てつなどを ひきよせる せいしつを もつ もの）

（ひとつ 7てん）

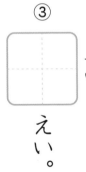

4

口・目・耳

がつ にち

はじめ じ ふん

おわり じ ふん

なまえ

とくてん てん

かん字《じ》の かくにん

口 3かく

よみかた：コウ　ク　くち

つかいかた：口《くち》ぶえ　人口《じんこう》　口《く》ちょう

目 5かく

よみかた：モク　（ボク）　め・（ま）

つかいかた：目《め》　目《もく》じ　目《もく》てき

耳 6かく（つきだす）

よみかた：（ジ）　みみ

つかいかた：耳《みみ》　耳《みみ》もと

1 ミニオンたちが、かん字《じ》を べつの かん字《じ》に かえて しまったよ。かえられた かん字《じ》に ×を かいて、右《みぎ》に 正《ただ》しい かん字《じ》を かこう。

（ひとつ 10てん）

お日《め》め　ぱっちり

お田《くち》　にっこり

お月《みみ》　どこかな？

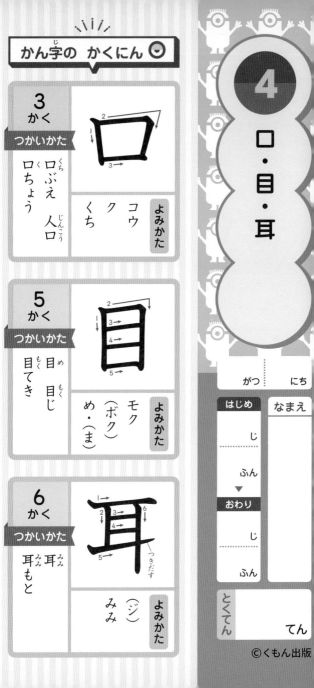

2

——の かん字《じ》の よみがなを かこう。

① 口ぶえを ふく。（　　　）

② 人口が ふえる。（じん　　）
（ある ところに すむ ひとの かず）

③ 目ぐすりを さす。（　　　）

④ 本《ほん》の 目じ。（　　　）
（ないようの みだしを じゅんばんに ならべた もの）

⑤ 耳に さわる。（　　　）

（ひとつ 7てん）

3

□に かん字《じ》を かこう。

① 一《ひと》□《くち》で たべる。

② つよい □《く》ちょう。
（はなす ときの ちょうし）

③ □《め》ざましどけい。

④ □《もく》てきを かく。
（めあて。めざす こと）

⑤ □《みみ》もと。
（みみの すぐ そば）

（ひとつ 7てん）

5 一・二・三

がつ　にち

はじめ　じ　ふん
おわり　じ　ふん

なまえ

とくてん　てん

かん字《じ》の かくにん

1かく	一（1→ とめる）	よみかた：イチ　イツ　ひと　ひとつ
つかいかた	一つ《ひと》　一口《ひとくち》　一年《いちねん》　一ぴき《いっ》	
2かく	二（1→ 2→ ながく）	よみかた：ニ　ふた　ふたつ
つかいかた	二つ《ふた》　二月《にがつ》	
3かく	三（1→ 2→ 3→ ながく）	よみかた：サン　み・みつ　みっつ
つかいかた	三つ《みっ》　三日月《みかづき》　三つあみ《み》　三本《さんぼん》	

① デイブが、かん字《じ》を バナナに かえて しまったよ。もとの かん字《じ》を □に かこう。

（ひとつ　10てん）

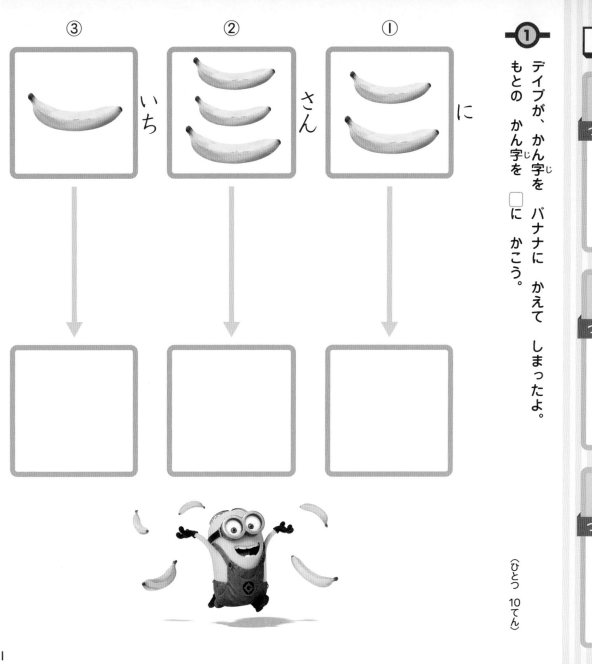

①

に

②

さん

③

いち

2

——の かん字《じ》の よみがなを かこう。

①（　　）一つの りんご。

②（ねんせい）一年生。

③（　　）二つの けしゴム。

④（かづき）三日月が 出《で》る。

⑤（　　）みかんを 三つ たべる。

（ひとつ 7てん）

3

□に かん字《じ》を、（　）に ひらがなを かこう。

①　□《いち》年《ねん》が すぎる。

②　□《いっ》ぴきの 犬《いぬ》。

③　□《に》月《がつ》。

④　□《みつ》（　　）あみ。

⑤　□《さん》本《ぼん》の バナナ。

（ひとつ 7てん）

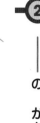

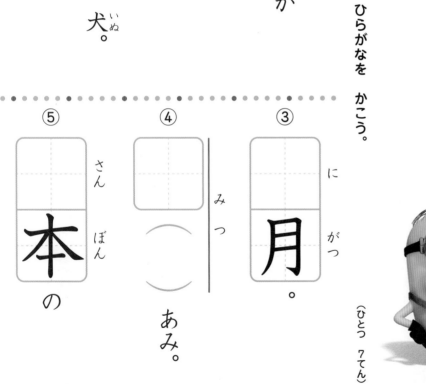

6 四・五・六

がつ　にち

はじめ　じ　ふん
おわり　じ　ふん

なまえ

とくてん　てん

かん字《じ》の かくにん

四　5かく

まげる

つかいかた
四《よ》じ
四《よっ》つ
四《よん》まい
四月《しがつ》

よみかた
シ
よ・よっ
よっつ
よん

五　4かく

つかいかた
五日《いつか》
五円《ごえん》
五《いつ》つ

よみかた
ゴ
いつ
いつつ

六　4かく

はらう　とめる

つかいかた
六《むっ》つ
六年《ろくねん》
六日《むいか》

よみかた
ロク
む・むっ
むっつ
むい

① ミニオンたちが、かん字《じ》を ばらばらに して しまったよ。あみだくじの とちゅうに おかれた ぶぶんを くみあわせて できる かん字《じ》を □に かこう。

（ひとつ 10てん）

○あみだくじの すすみかた

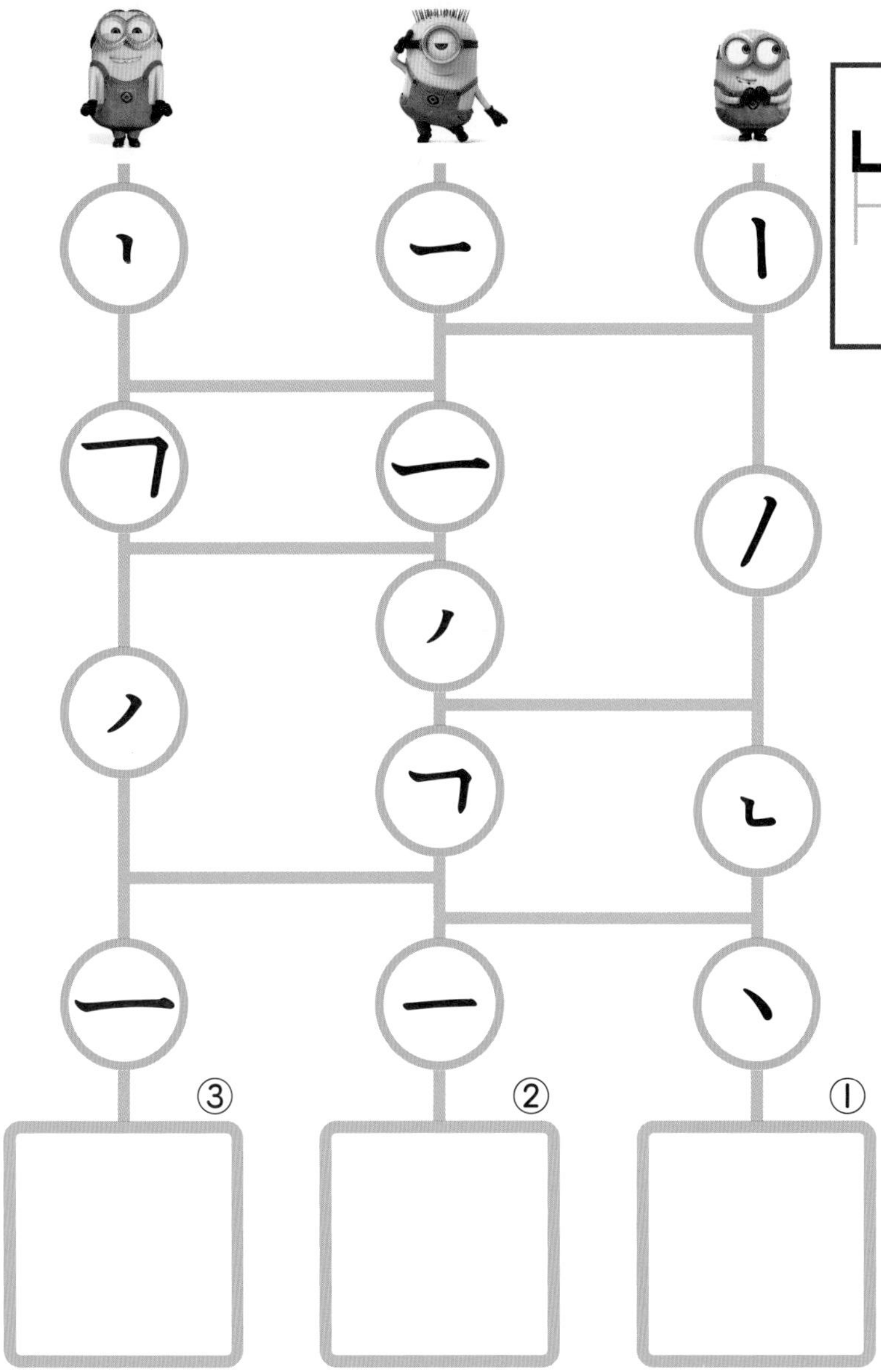

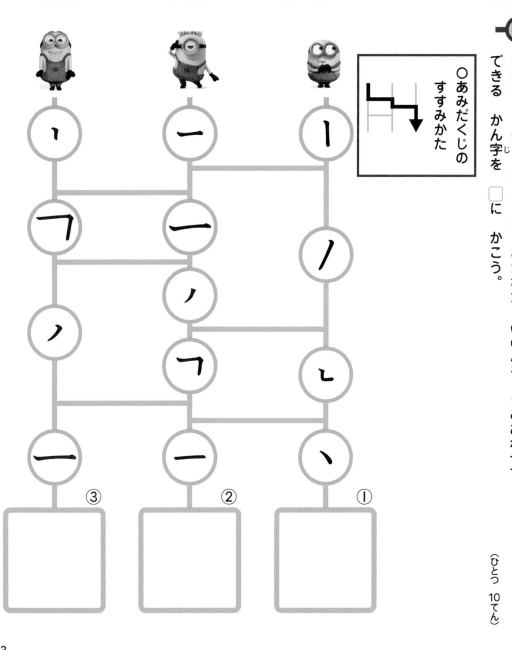

2

——の かん字《じ》の よみがなを かこう。

① （　　） 四じに なる。

② （　　） 四つの あめだま。

③ （か） 五日かんの りょこう。

④ （えん） 五円の おつり。

⑤ （か） 六日。

（ひとつ 7てん）

3

□に かん字《じ》を、（　）に ひらがなを かこう。

① □《よん》 まいの かみ。

② □《し》月《がつ》。

③ □《ご》 この ボール。

④ □《むっつ》 （　　）に わける。

⑤ □《ろく》年《ねん》生《せい》に なる。

（ひとつ 7てん）

7 七・八・九

がつ にち

はじめ じ ふん

おわり じ ふん

なまえ

とくてん てん

かん字《じ》の かくにん

七 2かく（まげる・とめる）

よみかた：シチ なな ななつ なの

つかいかた：七《なな》さい 七《なな》つ 七日《なのか》 七月《しちがつ》

八 2かく（あける）

よみかた：ハチ や・やっ やっつ よう

つかいかた：八《や》えざくら 八《やっ》つ 八日《ようか》 八《はち》まい

九 2かく（はねる）

よみかた：キュウ ク ここの ここのつ

つかいかた：九《ここの》つ 九月《くがつ》 九《きゅう》わ

①

ミニオンたちが、かん字《じ》を 二《ふた》つに わけて しまったよ。おなじ かん字《じ》の ぶぶんどうしを せんで むすんで、もとどおりに した かん字《じ》を □に かこう。

（ひとつ 10てん）

一　ノ　丶

★　★　★

★　★　★

乙　ノ　乚

① □　② □　③ □

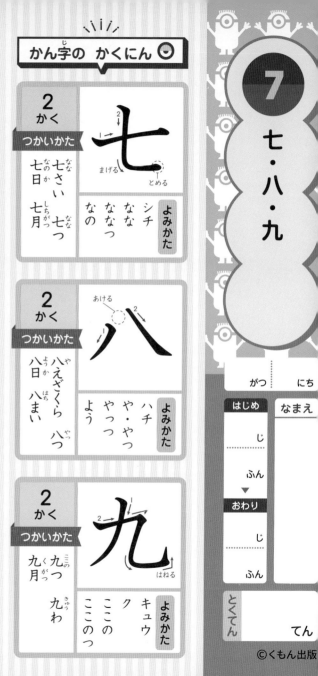

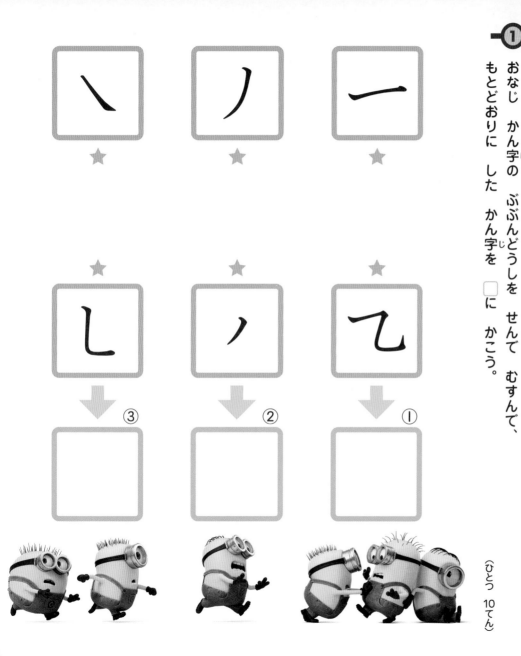

②

――の かん字《じ》の よみがなを かこう。

① 七さいを いわう。（　　）

② 四《し》月《がつ》七日。（　か）

③ 八えざくらが さく。（　　）

（はなびらが たくさん かさなって さく さくら）

④ 九つの みかん。（　　）

⑤ 九わの とり。（　　）

（ひとつ 7てん）

③

□に かん字《じ》を かこう。

① □《しち》月《がつ》に なる。

② かきを □《やっ》つ とる。

③ 三《さん》月《がつ》□《よう》日《か》。

④ □《はち》まいの さら。

⑤ □《く》月《がつ》三日《みっか》。

（ひとつ 7てん）

8 十・百・千

がつ　にち

はじめ　じ　ふん
おわり　じ　ふん

なまえ

とくてん　てん

かん字《じ》の かくにん

十
2かく

みぎあがりに ひく

つかいかた
十日《とおか》
十五《じゅうご》さい
十《じっ》ぴき

よみかた
ジュウ
ジッ
とお・と

百
6かく

はらう

つかいかた
百円《ひゃくえん》
百《ひゃく》さい

よみかた
ヒャク

千
3かく

みぎから はらう

つかいかた
千《ち》よがみ
千年《せんねん》
千人《せんにん》

よみかた
セン
ち

1 ミニオンたちが、三《みっ》つの かん字《じ》を 一《ひと》つに して しまったよ。
かくれて いる 三《みっ》つの かん字《じ》を □に かこう。
（ひとつ 10てん）

2

―の かん字《じ》の よみがなを かこう。

① 三月《さんがつ》十日。（か）

② 十二月に なる。（にがつ）

③ 百円の おかし。（えん）

④ 千よがみを おる。（　　）
（もようの ついた かみ）

⑤ 千人の 子《こ》ども。（にん）

（ひとつ 7てん）

3

□に かん字《じ》を かこう。

① □《じゅう》五《ご》さい。

② □《じっ》ぴきの 犬《いぬ》。

③ □《ひゃく》さいの かめ。

④ □《ち》よがみ。

⑤ □《せん》年《ねん》まえの みやこ。

（ひとつ 7てん）

9 大・中・小

がつ　にち

はじめ　じ　ふん
▼
おわり　じ　ふん

なまえ

とくてん　てん

かん字《じ》の　かくにん

大　3かく

つかいかた：大《おお》ごえ　大《おお》きい　大《だい》すき　大《たい》かい

よみかた：ダイ・タイ　おお　おおきい　おおいに

中　4かく

つかいかた：中《なか》　水中《すいちゅう》

よみかた：チュウ　ジュウ　なか

小　3かく

つかいかた：小《ちい》さい　小《こ》とり　小川《おがわ》　小学校《しょうがっこう》

よみかた：ショウ　ちいさい　こ・お

①　ミニオンたちが、かん字《じ》を　はんぶんに　おりまげて　しまったよ。もとの　かん字《じ》と　おなじ　かん字《じ》を、せんで　むすぼう。

（ひとつ　10てん）

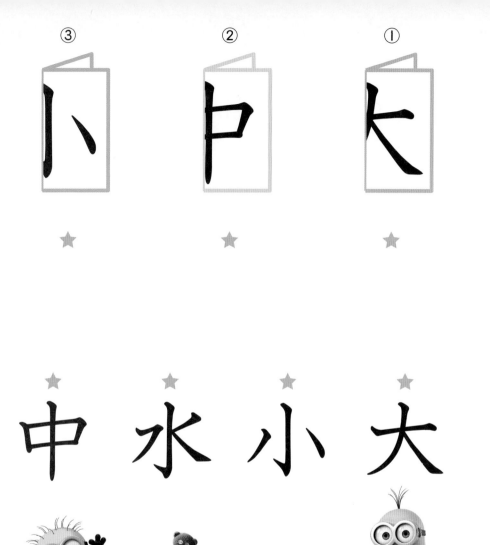

①

★

②

★

③

★

★ 大　★ 小　★ 水　★ 中

2

——の かん字《じ》の よみがなを かこう。

① 大ごえで うたう。

② 大すきな おかし。

③ はこの 中。

④ 小さい 虫《むし》。

⑤ 小とりが なく。

（ひとつ 7てん）

3

□に かん字《じ》を かこう。

① □《おお》きい かぼちゃ。

② マラソン □《たい》かい。

③ 水《すい》□《ちゅう》めがね。

④ □《お》川《がわ》の さかな。

⑤ □《しょう》学《がっ》校《こう》。

（ひとつ 7てん）

10 上・下

がつ	にち

はじめ　じ　ふん
おわり　じ　ふん

なまえ

とくてん　てん

かん字《じ》の かくにん

上　3かく

つかいかた：上《うえ》　上《うわ》ぎ　川上《かわかみ》　上《あ》げる　おく上《じょう》

よみかた：ジョウ・（ショウ）　うえ・うわ・かみ　あげる・あがる　のぼる　（のぼせる）　（のぼす）

下　3かく

つかいかた：下《した》　川下《かわしも》　下《さ》げる　下《くだ》る　ろう下《か》

よみかた：カ・ゲ　した・しも・（もと）　さげる・さがる　くだる　くだす・くださる　おろす・おりる

① ミニオンたちが、メモの かん字《じ》を さかさまに して しまったよ。□に 正《ただ》しい かん字《じ》を かいて、かぎが 入《はい》って いる ひきだしの （　）に ○を つけよう。

（ひとつ 10てん）

◀メモ

かぎは、
♥の 上《した》、→ ①［　］
♠の 下《うえ》の → ②［　］
ひきだしに 入《はい》って いる。

③

（　）3		♥
♣	（　）2	（　）1
♦		♠

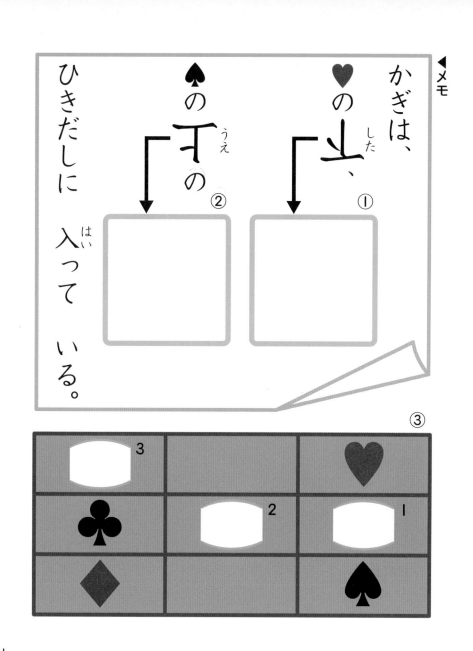

2

――の かん字《じ》の よみがなを かこう。

① つくえの 上（　）の 本《ほん》。

② 上（　）ぎを ぬぐ。

③ ベッドの 下（　）。

④ 川下（かわ）へ あるく。
（かわの みずが ながれて いく ほう）

⑤ あたまを 下（　）げる。

（ひとつ 7てん）

3

□に かん字《じ》を、（　）に ひらがなを かこう。

① 川《かわ》□《かみ》。
（かわの みずが ながれて くる ほう）

② 手《て》を □（　）《あげる》。

③ おく□《じょう》。
（やねの うえ）

④ さかを □（　）《くだる》。

⑤ ろう□《か》を あるく。

（ひとつ 7てん）

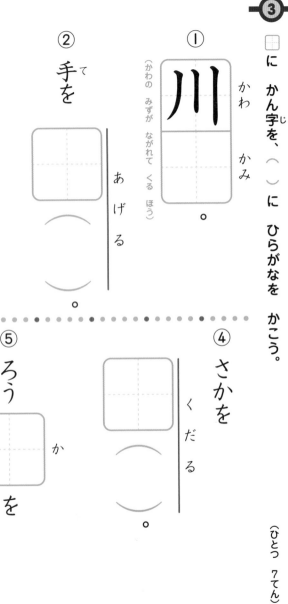

11 かくにんもんだい①

がつ　にち

はじめ　じ　ふん

おわり　じ　ふん

なまえ

とくてん　てん

①　―の　かん字《じ》の　よみがなを　かこう。

（ひとつ　4てん）

① 川（　）が　ながれる。

② 木（　）の　えだ。

③ 五月（　）に　あう。

④ 田（　）んぼの　生《い》きもの。

⑤ めずらしい　か石（　）。

⑥ 目（　）じるしを　つける。

⑦ 三日月（　）を　見《み》る。

⑧ 七（　）つの　おにぎり。

⑨ 十（　）まいの　がようし。

⑩ 千（　）よがみを　かう。

⑪ 水《みず》の　中（　）で　およぐ。

⑫ おく上（　）で　あそぶ。

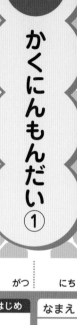

②

□に かん字《じ》を かこう。

① □《やま》に のぼる。

② □《か》よう日《び》に なる。

③ □《みず》を のむ。

④ □《ひと》□《くち》 たべる。

⑤ □《みみ》もとで はなす。

⑥ □《に》□《ひゃく》円《えん》 はらう。

⑦ □《ろく》人《にん》 あつまる。

⑧ □《やっ》つの くり。

（ひとつ 4てん）

③

——の ことばを かん字《じ》と ひらがなで かこう。

① ここのつの あめ。

② こえが おおきい。

③ ちいさい 花《はな》。

④ 川《かわ》を くだる。

（ひとつ 5てん）

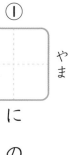

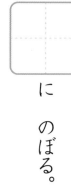

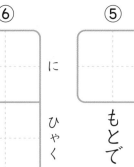

12 土・右・左

がつ	にち

はじめ　じ　ふん
▼
おわり　じ　ふん

なまえ

とくてん　てん

かん字《じ》の かくにん

土
3かく

土（ながく）

つかいかた
土《つち》
土《と》ち
ねん土《ど》

よみかた
ド
ト
つち

右
5かく

右（はらう）

つかいかた
右足《みぎあし》
左右《さゆう》
右《う》せつする

よみかた
ウ
ユウ
みぎ

左
5かく

左（ださない）

つかいかた
左手《ひだりて》
左右《さゆう》

よみかた
サ
ひだり

①
ミニオンたちが、かん字《じ》を ばらばらに して しまったよ。二《に》まいずつ くみあわせて、できた かん字《じ》を □に かこう。

（ひとつ 10てん）

2

━━の かん字《じ》の よみがなを かこう。

① （　　） 土に ふれる。

② （　　） 土ちを たがやす。（つち。だいち）

③ （あし） 右足で ける。

④ （　　） 右せつする 車《くるま》。（みぎに まがる）

⑤ （て） 左手で もつ。

（ひとつ 7てん）

3

□に かん字《じ》を かこう。

① □《つち》の 中《なか》。

② ねん□《ど》 あそび。

③ □《みぎ》手《て》。

④ 足《あし》（□《ひだり》）を 出《だ》す。

⑤ □□《さ ゆう》を 見《み》る。（ひだりと みぎ）

（ひとつ 7てん）

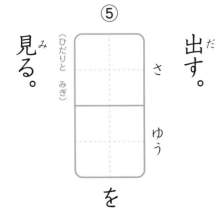

13 手・足・力

がつ　にち

なまえ

はじめ　じ　ふん

おわり　じ　ふん

とくてん　てん

かん字《じ》の　かくにん

手　4かく

つかいかた：手足《てあし》　あく手《しゅ》

よみかた：シュ　て　（た）

足　7かく

つかいかた：手足《てあし》　足《た》りる　えん足《そく》

よみかた：ソク　あし　たりる　たる・たす

力　2かく

つかいかた：力《ちから》もち　力《りき》そう　火力《かりょく》

よみかた：リョク　リキ　ちから

1 ミニオンたちが、かん字《じ》の　むきを　はんたいに　して　しまったよ。正《ただ》しい　かん字《じ》を　□に　かこう。（ひとつ　10てん）

① 手《て》を　ふる。

② 足《あし》の　つめ。

③ 力《ちから》が　つよい。

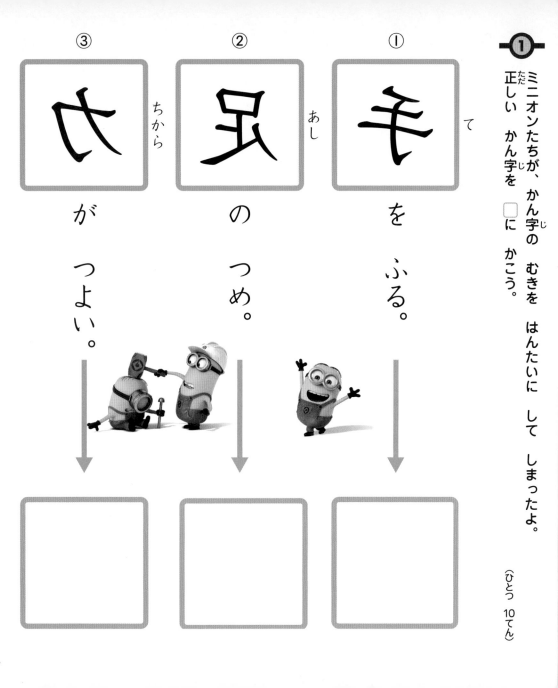

2

——の かん字《じ》の よみがなを かこう。（ひとつ　7てん）

①　手ぶくろを　はめる。（　）

②　手足を　のばす。（　）

③　こめが　足りる。（　）

④　力が　つよい。（　）

⑤　火力を　よわめる。（か）
（ひの　つよさ）

3

□に　かん字《じ》を、（　）に　ひらがなを　かこう。（ひとつ　7てん）

①　あく□《しゅ》を　する。
（てを　にぎりあう　あいさつ）

②　水《みず》が　□（　）《たりる》。

③　えん□《そく》の　日《ひ》。

④　□《ちから》もちの　人《ひと》。

⑤　かけっこで　□《りき》そうする。
（ちからいっぱい　はしる）

14 夕・名・円

がつ　にち

はじめ　じ　ふん

おわり　じ　ふん

なまえ

とくてん　てん

かん字《じ》の かくにん

夕	3かく	つかいかた：夕《ゆう》がた　夕日《ゆうひ》
		よみかた：（セキ）　ゆう
名	6かく	つかいかた：名《な》まえ　名字《みょうじ》　ゆう名《めい》
		よみかた：メイ　ミョウ　な
円	4かく	つかいかた：円《まる》い　円《えん》ばん　百円《ひゃくえん》
		よみかた：エン　まるい

（夕：はらう　はらう／名：はらう／円：はねる）

①

ミニオンたちが、カメラで あそんで いるよ。ミニオンたちが とったのは どの かん字《じ》の しゃしんかな。しゃしんと おなじ かん字《じ》を せんで むすぼう。

（ひとつ 10てん）

◀しゃしん

① 円　② 名　③ 夕

★　★　★

名　夕　円

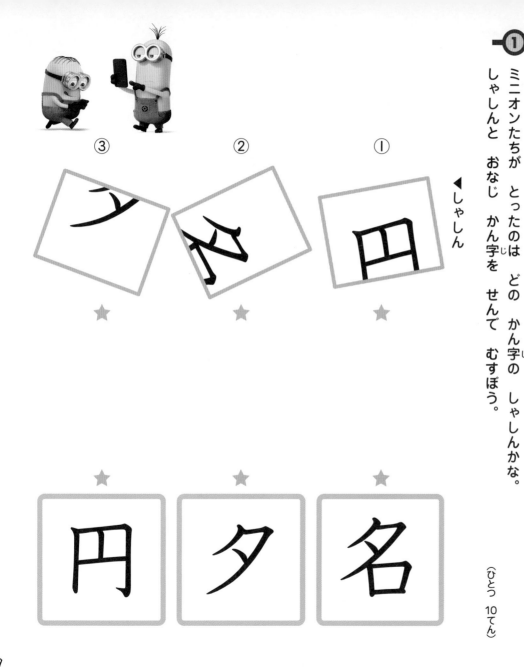

2

―の かん字《じ》の よみがなを かこう。

① 夕がたに かえる。（　　）

② 名まえを よばれる。（　　）

③ ゆう名な え。（　　）

④ 円い つくえ。（　　）

⑤ 百円を はらう。（えん）

（ひとつ 7てん）

3

□に かん字《じ》を、（　）に ひらがなを かこう。

① きれいな □《ゆう》やけ。

② □《みょう》字《じ》。（その いえの なまえ）

③ □《な》まえ。

④ □（　）《まるい》さら。

⑤ □《えん》を かみに かく。

（ひとつ 7てん）

15 王・玉・車

がつ　にち

はじめ　じ　ふん

おわり　じ　ふん

なまえ

とくてん　てん

かん字《じ》の　かくにん

王　4かく
ながく
つかいかた：王《おう》さま　王《おう》かん
よみかた：オウ　—

玉　5かく
わすれずに
つかいかた：水玉《みずたま》もよう　ほう玉《ぎょく》　ビー玉《だま》
よみかた：ギョク　たま

車　7かく
ながく
つかいかた：車《くるま》　じてん車《しゃ》
よみかた：シャ　くるま

1

ミニオンたちが、かん字《じ》に　てん（丶）を　かきたして　しまったよ。いたずらされた　かん字《じ》の　（　）には　×を、正《ただ》しい　かん字《じ》の　（　）には　○を　かこう。

（ひとつ　10てん）

① 王《おう》さま…（　）

② でん車《しゃ》…（　）

③ 玉《たま》のり…（　）

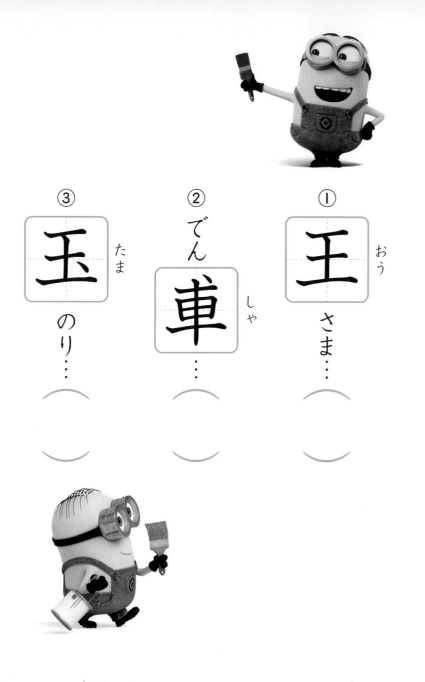

②

――の かん字《じ》の よみがなを かこう。

① 王さまの へや。（　　）

② 赤《あか》い ビー玉。（　　）

③ きれいな ほう玉。（　　）
（たからものの いし）

④ 車が はしる。（　　）

⑤ じてん車に のる。（　　）

（ひとつ 7てん）

③

□に かん字《じ》を かこう。

① □《おう》かんを かぶる。
（おうさまが かぶる かんむり）

② 水《みず》□《たま》もよう。

③ ほう□《ぎょく》。

④ 白《しろ》い □《くるま》。

⑤ でん□《しゃ》の じかん。

（ひとつ 7てん）

16 犬・虫

がつ　にち

はじめ　じ　ふん
おわり　じ　ふん

なまえ

とくてん　てん

かん字《じ》の かくにん

4かく

犬（わすれずに）

よみかた：ケン　いぬ

つかいかた：犬《いぬ》　もうどう犬《けん》

6かく

虫（とめる）

よみかた：チュウ　むし

つかいかた：虫《むし》　こん虫《ちゅう》

1 ミニオンたちが、かん字《じ》の 一《いち》ぶを バナナに かえて しまったよ。もとの ぶぶんは どちらかな。正《ただ》しい ほうの （　）に ○を つけよう。

（ひとつ 15てん）

① いぬ

② むし

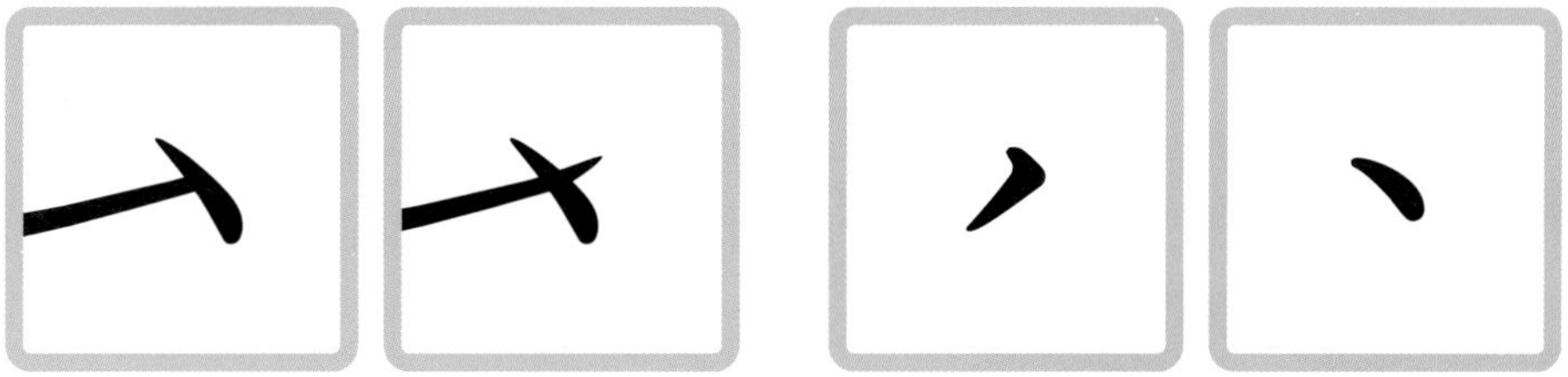

（　）（　）　（　）（　）

②

――の かん字《じ》の よみがなを かこう。（ひとつ 7てん）

① 大《おお》きな 犬。（　　）

② けいさつ犬。（　　）
（けいさつの しごとを たすける ために くんれんされた いぬ）

③ 犬の かいぬし。（　　）

④ 虫とりの あみ。（　　）

⑤ こん虫の ずかん。（　　）

③

□に かん字《じ》を かこう。（ひとつ 7てん）

① □《いぬ》と あるく。

② もうどう□《けん》。
（めの ふじゆうな ひとの みちあんないを する ために くんれんされた いぬ）

③ 白《しろ》い □《いぬ》。

④ □《むし》を とる。

⑤ こん□《ちゅう》を とる。

17 貝・竹

がつ　にち

はじめ　じ　ふん
▼
おわり　じ　ふん

なまえ

とくてん　てん

かん字《じ》の かくにん

貝 7かく

とめる

よみかた
かい

つかいかた
貝《かい》がら　からす貝《がい》　赤貝《あかがい》

竹 6かく

はねる

よみかた
チク
たけ

つかいかた
竹《たけ》やぶ　竹林《ちくりん》　竹《たけ》うま

1 ミニオンたちが、かん字《じ》に なりすまして いるよ。もとの かん字《じ》を えらんで、せんで むすぼう。

（ひとつ 15てん）

①
《かい》がら
★

②
《たけ》うま
★

★　★　★　★

川　貝　竹　見

2

―の かん字《じ》の よみがなを かこう。

① きれいな 貝がら。（　　）

② からす貝。（　　）
（かいがらが くろい かいの なかま）

③ 竹が 生《は》える。（　　）

④ 竹とんぼを とばす。（　　）

⑤ うら山《やま》の 竹林。（　　りん）
（たけの はやし）

（ひとつ 7てん）

3

□に かん字《じ》を かこう。

① かたい □《かい》がら。

② 赤《あか》い □《がい》を たべる。
（みが あかい かいの なかま）

③ 青《あお》い □《たけ》。

④ □《たけ》やぶ。

⑤ □《ちく》林《りん》を あるく。

（ひとつ 7てん）

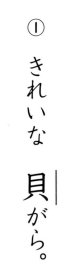

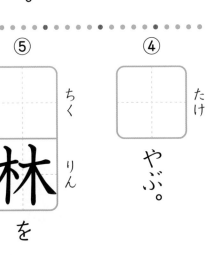

18 花・草

がつ　にち

はじめ　じ　ふん

おわり　じ　ふん

なまえ

とくてん　てん

かん字《じ》の　かくにん

花　7かく

はねる

よみかた：カ　はな

つかいかた：花火《はなび》　草花《くさばな》　花《か》だん　花《か》ふん

草　9かく

ながく

よみかた：ソウ　くさ

つかいかた：草《くさ》　ざっ草《そう》　草《そう》げん

③

ミニオンたちが、かん字《じ》を　ばらばらに　して　しまったよ。「はな」、「くさ」と　よむ　かん字《じ》に　なるように、おなじ　いろの　★どうしを　せんで　むすび、できた　かん字《じ》を　□に　かこう。

（ひとつ　15てん）

艹

日　亻

匕　十

① はな　□

② くさ　□

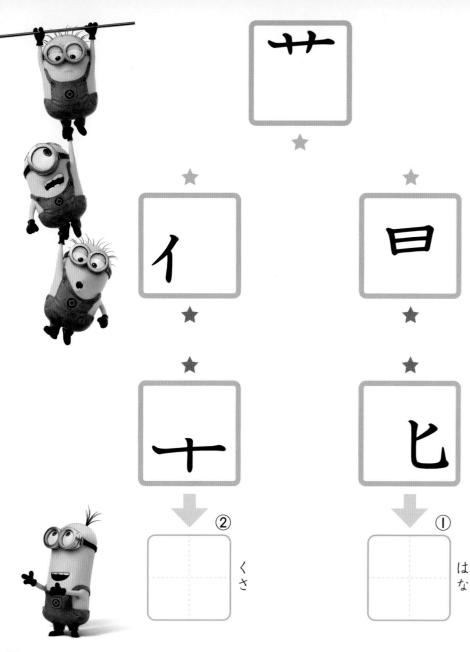

②

――の かん字《じ》の よみがなを かこう。

（ひとつ 7てん）

① 花が さく。（　）

② 花ふんが とぶ。（　）
（はなの おしべに できる こな）

③ 花びんを もつ。（　）

④ 草が のびる。（　）

⑤ ざっ草が 生《は》える。（　）
（しぜんに はえる いろいろな くさ）

③

□に かん字《じ》を かこう。

（ひとつ 7てん）

① □《はな》の 水《みず》やり。

② □《はな》火《び》を 見《み》る。

③ 学校《がっこう》の □《か》だん。

④ □《くさ》□《ばな》。

⑤ □《そう》げんを はしる。
（くさが はえて いる ひろい のはら）

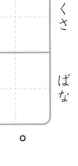

19 天・気

がつ　にち

はじめ　じ　ふん
おわり　じ　ふん

なまえ

とくてん　てん

かん字《じ》の かくにん

天（4かく）
したより ながく
よみかた：テン　（あめ）　あま
つかいかた：天《あま》の川《がわ》　天気《てんき》　天《てん》じょう

気（6かく）
はねる
よみかた：キ　ケ　—
つかいかた：気《き》もち　人気《にんき》　水気《みずけ》　気《け》はい

①
ミニオンたちが、かん字《じ》の かたちを かえて しまったよ。かえられた 三《みっ》つの かん字《じ》に ×を かき、右《みぎ》に 正《ただ》しい かん字《じ》を かこう。

（ひとつ 10てん）

キャンプの 日《ひ》は、とても よい 天気《てんき》で、よるは、天《あま》の川《がわ》が よく 見《み》えました。

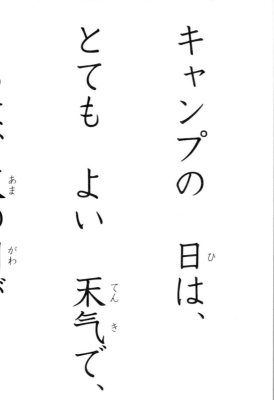

2

――の かん字《じ》の よみがなを かこう。

① うつくしい 天の川《がわ》。（　　）

② へやの 天じょう。（　　）

③ げん気が ある。（　　）

④ じぶんの 気もち。（　　）

⑤ 人《ひと》の 気はい。（　　）

（なんとなく かんじられる ようす）

（ひとつ 7てん）

3

□に かん字《じ》を かこう。

① □《あま》の 川《がわ》を 見《み》る。

② よい □□《てんき》。

③ 人《にん》□《き》 もの。

④ □《き》もちが よい。

⑤ 水《みず》□《け》を とる。

（ひとつ 7てん）

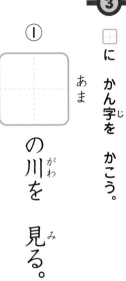

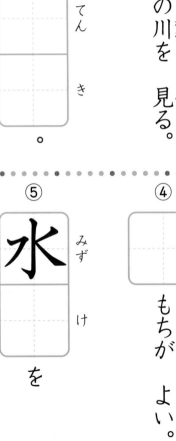

20 子・女・男

がつ　にち

はじめ　じ　ふん

おわり　じ　ふん

なまえ

とくてん　てん

かん字《じ》の かくにん

子　3かく

はねる

つかいかた：子《こ》ども　おや子《こ》　女子《じょし》　よう子《す》

よみかた：シ　ス　こ

女　3かく

すこし だす

つかいかた：女《おんな》　女《おんな》の子《こ》　女子《じょし》　男女《だんじょ》

よみかた：ジョ　(ニョ)　(ニョウ)　おんな　(め)

男　7かく

はねる

つかいかた：男《おとこ》　男《おとこ》の子《こ》　男子《だんし》　ちょう男《なん》

よみかた：ダン　ナン　おとこ

1 ミニオンたちが、かん字《じ》の よみがなが かかれた ふうせんの ひもを きって しまったよ。正《ただ》しい くみあわせを えらんで、せんで むすぼう。

（ひとつ 10てん）

① 子　② 女　③ 男

おんな　こ　おとこ

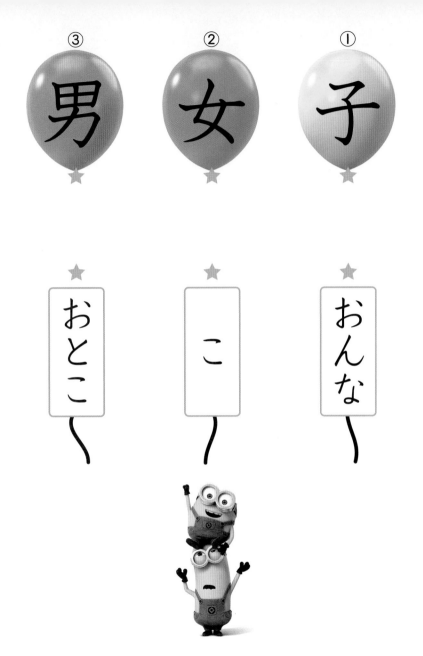

②

――の かん字《じ》の よみがなを かこう。

（ひとつ　7てん）

① くまの　おや子。（　　）

② 女子の　なまえ。（　　）

③ 女の　人《ひと》の　かばん。（　　）

④ 男の　子《こ》が　わらう。（　　）

⑤ 男女が　ならぶ。（　　）

③

□に　かん字《じ》を　かこう。

（ひとつ　7てん）

① □《こ》どもが　なく。

② よう□《す》を　きく。

（ものごとの　ありさま）

③ □《おんな》の　□《こ》。

④ □《おとこ》の　人《ひと》が　あるく。

⑤ ちょう□《なん》が　生《う》まれる。

（さいしょに　うまれた　おとこのこ）

21 本・先・生

がつ　にち

はじめ　じ　ふん
おわり　じ　ふん

なまえ

とくてん　てん

かん字《じ》の　かくにん

本　5かく

はらう

よみかた：ホン　もと

つかいかた：本《ほん》　手本《てほん》　ね本《もと》

先　6かく

はねる

よみかた：セン　さき

つかいかた：つま先《さき》　先生《せんせい》

生　5かく

ながく

よみかた：セイ・ショウ　いきる・いかす　いける　うまれる　うむ・(おう)　はえる・はやす　(き)・なま

つかいかた：一年生《いちねんせい》　一生《いっしょう》　先生《せんせい》　生《は》える　生《う》まれる　生《い》きもの　生《なま》ざかな

①

ミニオンたちが、かん字《じ》から　よこぼうを　二本《にほん》　ぬすんだよ。
もとの　かん字《じ》を　□に　かこう。

（ひとつ　10てん）

①

②

③

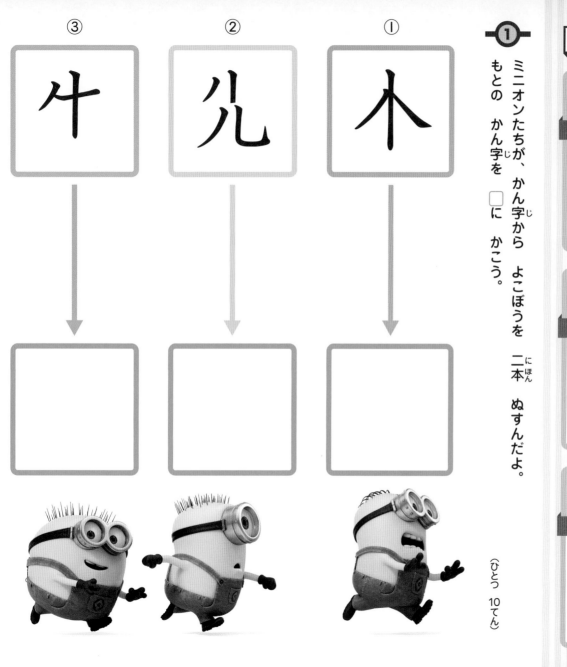

②

―の かん字《じ》の よみがなを かこう。

① え本を よむ。（　　）

② 木《き》の ね本に すわる。（　　）

③ つま先に さわる。（　　）

④ 一生けんめい。（いっ　　）

⑤ ざっ草《そう》が 生える。（　　）

（ひとつ　7てん）

③

□に かん字《じ》を、（　）に ひらがなを かこう。

① 手《て》□《ほん》を 見《み》る。

② □□《せんせい》。

③ □《い》きもの。

④ 子犬《こいぬ》が □（　）《うまれる》。

⑤ □《なま》ざかなを たべる。

（ひとつ　7てん）

22 かくにんもんだい②

がつ　にち

はじめ　じ　ふん

おわり　じ　ふん

なまえ

とくてん　てん

1

——の　かん字《じ》の　よみがなを　かこう。

（ひとつ　4てん）

① にわの　土を　ほる。

② 大《おお》きく　手を　ふる。

③ 力が　つよい。

④ 名まえを　よぶ。

⑤ 王さまの　けらい。

⑥ 車が　はしる。

⑦ 虫を　つかまえる。

⑧ 竹やぶの　中《なか》。

⑨ 花《か》だんの　草を　とる。

⑩ クラスの　男子。

⑪ すきな　本を　よむ。

⑫ 先生の　つくえ。

②

□に かん字《じ》を かこう。

（ひとつ　4てん）

① □□《さゆう》を 見《み》る。

② □《ゆう》がたを すぎる。

③ □《たま》のりを する。

④ □《いぬ》が ほえる。

⑤ □《かい》がらを ひろう。

⑥ □《はな》たばを つくる。

⑦ □□《てんき》が よい。

⑧ 一年生《いちねんせい》の □□《じょし》。

③

——の ことばを かん字《じ》と ひらがなで かこう。

（ひとつ　5てん）

① おかしが <u>たりる</u>。

② <u>まるい</u> テーブル。

③ 草《くさ》が <u>はえる</u>。

④ こねこが <u>うまれる</u>。

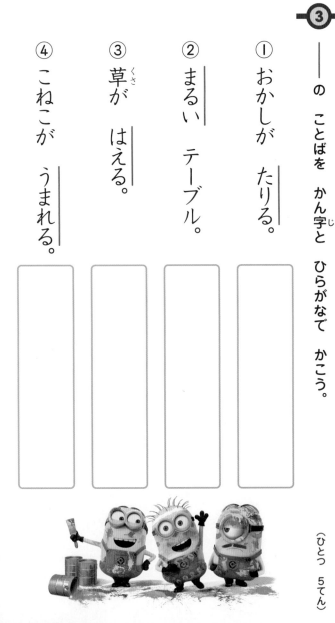

23 町・村

がつ　にち

はじめ　じ　ふん　▼　おわり　じ　ふん

なまえ

とくてん　てん

かん字《じ》の かくにん

町　7かく

つかいかた
町《まち》　みなと町《まち》
町《ちょう》ない

よみかた
チョウ
まち

村　7かく

つかいかた
村《むら》　村人《むらびと》
村《そん》ちょう

よみかた
ソン
むら

1

ミニオンたちが、かん字《じ》の よみがなを くりぬいて しまったよ。
かん字《じ》の 正《ただ》しい よみがなを （　）に かこう。

（ひとつ 15てん）

① となり町（　　）

② 村まつり（　　）

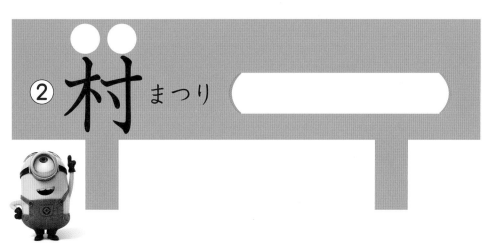

2

——の かん字《じ》の よみがなを かこう。

① みなと町が ひろがる。（　　　）
（みなとが ある ために できた まち）

② 町はずれの みち。（　　　）
（まちの はしの ほう）

③ 町ないを あるく。（　　　）
（おなじ まちの なか）

④ となりの 村。（　　　）

⑤ 村人に たずねる。（びと）

（ひとつ 7てん）

3

□に かん字《じ》を かこう。

① □《まち》に いく。

② □《ちょう》ないの みせ。

③ □《むら》の おまつり。

④ □《むら》人《びと》に あう。

⑤ □《そん》ちょうの いえ。
（むらを だいひょうする ひと）

（ひとつ 7てん）

24

林・森

がつ　にち

はじめ　じ　ふん
おわり　じ　ふん

なまえ

とくてん　てん

かん字《じ》の かくにん

8かく	林（とめる）
つかいかた：林《はやし》 竹林《ちくりん》 森林《しんりん》 山林《さんりん》	よみかた：リン　はやし

12かく	森（とめる）
つかいかた：森《もり》 森林《しんりん》	よみかた：シン　もり

1 ミニオンたちが、かん字《じ》を ばらばらに して しまったよ。くみあわせて かん字《じ》を 二《ふた》つ つくり、□に かこう。

（ひとつ 15てん）

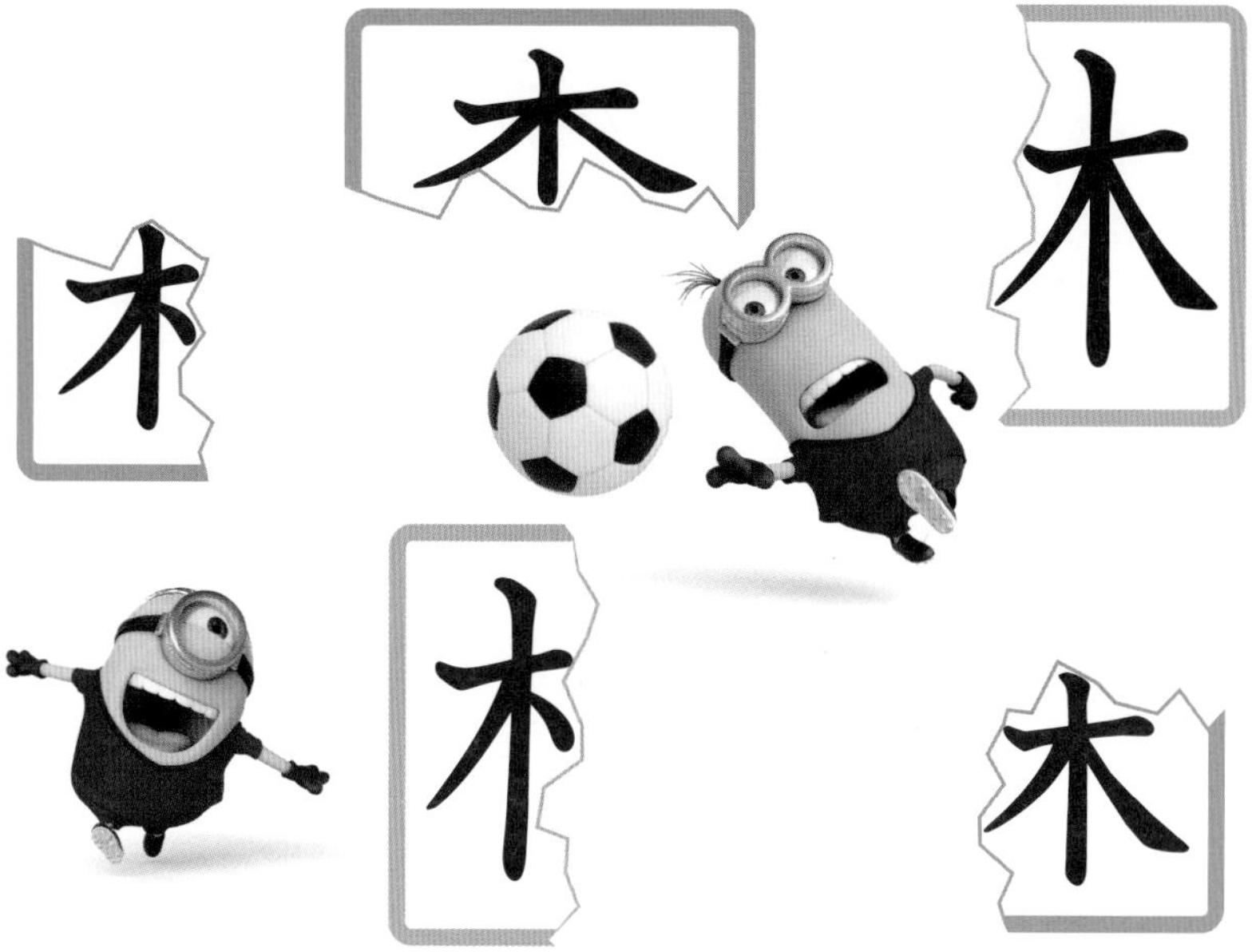

2

——の かん字《じ》の よみがなを かこう。 （ひとつ 7てん）

①（　　）林へ むかう。

②（ちく）竹林から 出《で》る。
（たけの はやし）

③（さん）山林に 入《はい》る。
（やまの なかの はやし）

④（　　）森が 見《み》える。

⑤（　　）森林を あるく。

3

□に かん字《じ》を かこう。 （ひとつ 7てん）

① □《はやし》に 雨《あめ》が ふる。

② 竹《ちく》□《りん》の 中《なか》。

③ 山《さん》□《りん》の 村《むら》。

④ □《もり》に すむ りす。

⑤ □《しん》□《りん》の 水《みず》。

25 文・字

がつ　にち

はじめ　じ　ふん
▼
おわり　じ　ふん

なまえ

とくてん　てん

かん字《じ》の　かくにん

文　4かく

はらう　はらう

つかいかた
文《ぶん》　文字《もじ》
ちゅう文《もん》

よみかた
ブン
モン
（ふみ）

字　6かく

はねる

つかいかた
かん字《じ》
文字《もじ》

よみかた
ジ
（あざ）

①

ミニオンたちが、かん字《じ》を　ペンキで　よごして　しまったよ。
もとの　かん字《じ》を　□に　かこう。

（ひとつ　15てん）

① ぶん

を　よむ。

→ □

② じ

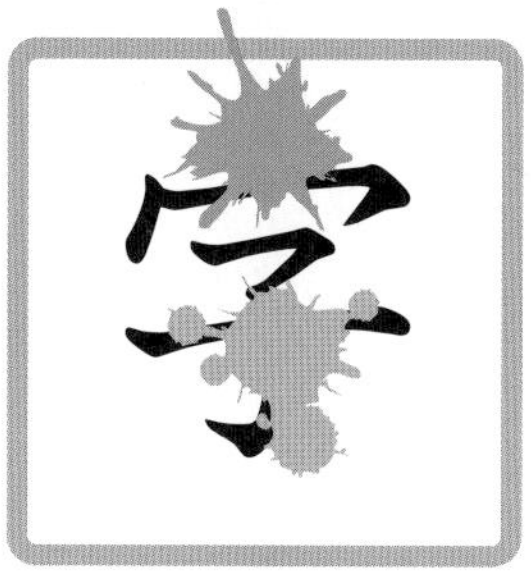

を　かく。

→ □

2

―の かんじの よみがなを かこう。

① ながい 文。（　）

② さく文を かく。（　）

③ ちゅう文を とる。（　）
（しなものなどを たのむ こと）

④ かん字を ならう。（　）

⑤ 大《おお》きな 文字。（　）
ちゅうい ここでは「もんじ」では ない よみかたを かこう。

（ひとつ 7てん）

3

□に かんじを かこう。

① みじかい □《ぶん》。

② □《ぶん》を よむ。

③ ちゅう□《もん》する。

④ あたらしい かん□《じ》。

⑤ □□《もじ》を かく。

（ひとつ 7てん）

26 学・校

がつ にち

はじめ じ ふん

おわり じ ふん

なまえ

とくてん てん

かん字《じ》の かくにん

学 8かく

つかいかた
学《まな》ぶ 学生《がくせい》
学校《がっこう》

よみかた
ガク
まなぶ

(はねる)

校 10かく

つかいかた
校《こう》もん 校《こう》てい
校《こう》か 学校《がっこう》

よみかた
コウ
—

(とめる)

1

ミニオンたちが、かん字《じ》の かたちを かえて しまったよ。もとの かん字《じ》を えらんで、せんで むすぼう。

（ひとつ 15てん）

① がく

② こう

学 ★

学 ★

校 ★

校 ★

②

――の かん字《じ》の よみがなを かこう。

（ひとつ　7てん）

① さんすうを 学ぶ。（　　）

② 小《しょう》学生。（せい）

③ 学校の 先生《せんせい》。（　　）

④ 校ていで あそぶ。（　　）

⑤ 校もんから 入《はい》る。（　　）

③

□に かん字《じ》を、（　）に ひらがなを かこう。

（ひとつ　7てん）

① えを □（　　）《まなぶ》。

② 中《ちゅう》□《がく》生《せい》。

③ □□《がっこう》へ いく。

④ □《こう》ていを はしる。

⑤ □《こう》かを うたう。

27 白・赤・青

がつ　にち

はじめ　じ　ふん
おわり　じ　ふん

なまえ

とくてん　てん

かん字《じ》の かくにん

白	5かく	よみかた：ハク（ビャク） しろ・しら しろい つかいかた：白《しろ》くま　白木《しらき》　白《しろ》い　白《はく》せん
赤	7かく	よみかた：セキ（シャク） あか あかい あからむ あからめる つかいかた：赤《あか》い　赤《せき》はん
青	8かく	よみかた：セイ（ショウ） あお あおい つかいかた：青空《あおぞら》　青《あお》い　青年《せいねん》

1 ミニオンたちが、めいろの ゴールを ふやして しまったよ。いろの 名《な》まえの かん字《じ》だけを とおって すすんだ ときに たどりつく ゴールの （　）に ○を つけよう。（30てん）

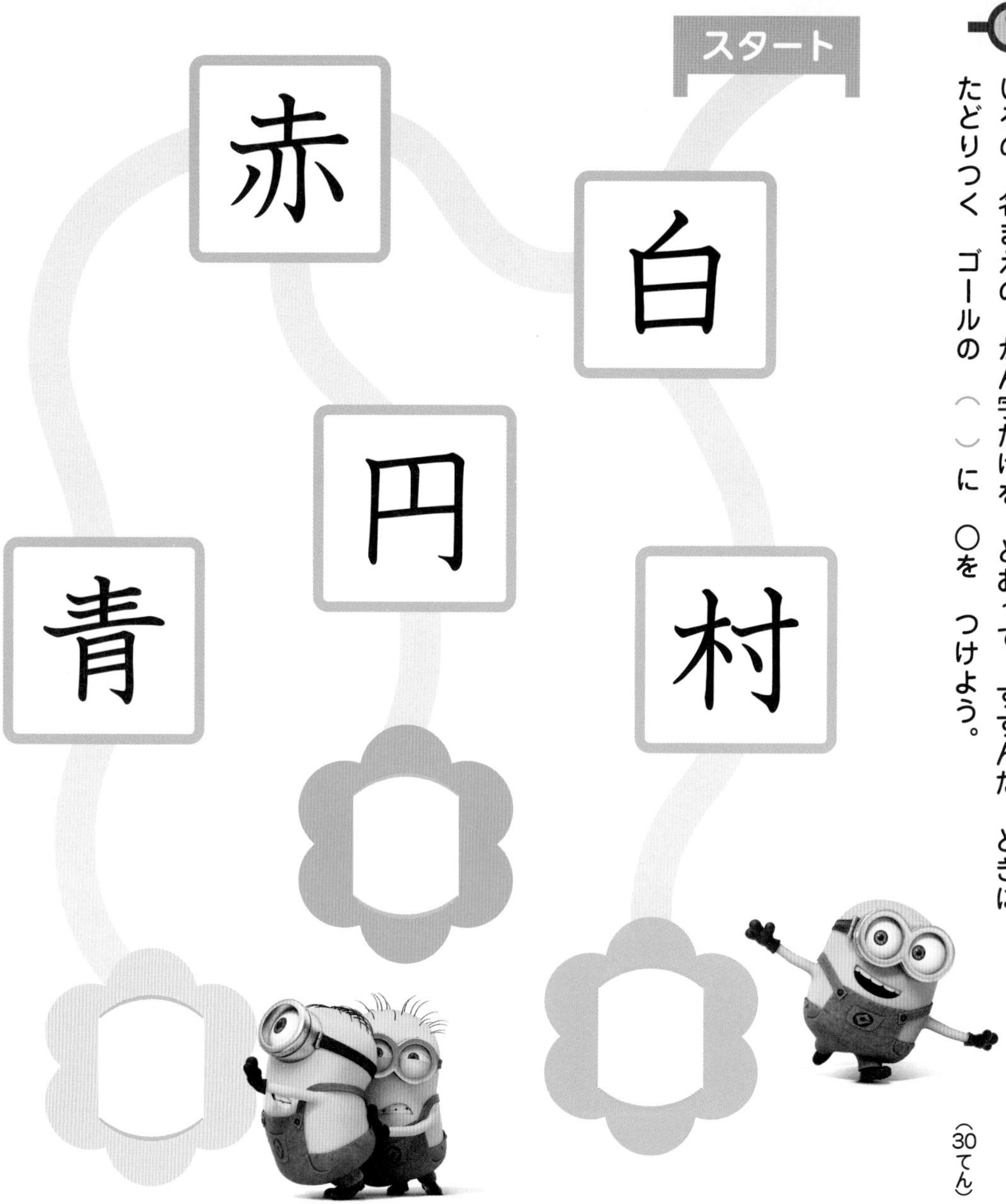

2

――の かん字《じ》の よみがなを かこう。（ひとつ 7てん）

① 白（　）と くろ。

② 白（　）木（き）の つくえ。

ちゅうい ここでは 「しろき」では ない よみかたを かこう。

③ 赤（　）い かばん。

④ 青（　）の えのぐ。

⑤ 青（　）い 車《くるま》。

3

□に かん字《じ》を、（　）に ひらがなを かこう。（ひとつ 7てん）

① □《し》（　）《ろい》 石《いし》。

② □《はく》せんを ひく。

③ □《せき》はんを たく。
（もちごめに あずきを いれて むした ごはん）

④ □《あ》（　）《おい》 花《はな》。

⑤ □《せい》年《ねん》が いる。
（としの わかい ひと）

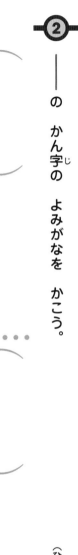

28 人・入・年

がつ　にち

はじめ　じ　ふん
おわり　じ　ふん

なまえ

とくてん　てん

かん字《じ》の かくにん

人　2かく
つける
つかいかた
人《ひと》　名人《めいじん》
人気《にんき》　人《にん》ずう
よみかた
ジン
ニン
ひと

入　2かく
つける
つかいかた
入《い》り口《ぐち》　入《はい》る
入学《にゅうがく》　入《にゅう》じょう
よみかた
ニュウ
いる
いれる
はいる

年　6かく
ださない
つかいかた
年《とし》　年上《としうえ》
年下《としした》　一年《いちねん》
よみかた
ネン
とし

1

ミニオンたちが、かん字《じ》に らくがきを して しまったよ。
正《ただ》しい かん字《じ》を □に かこう。

（ひとつ　10てん）

① 火《ひと》が おおい。 → □

② 入《にゅう》じょうする。 → □

③ 年《とし》下《した》の 子《こ》。 → □

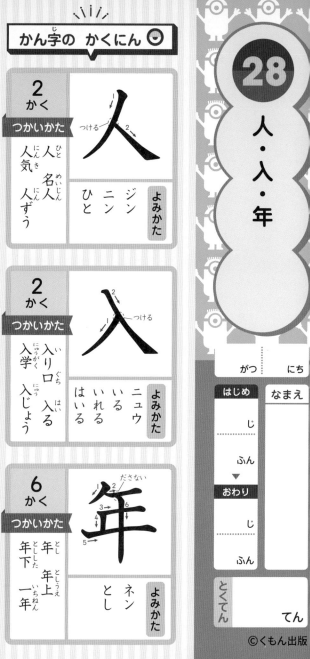

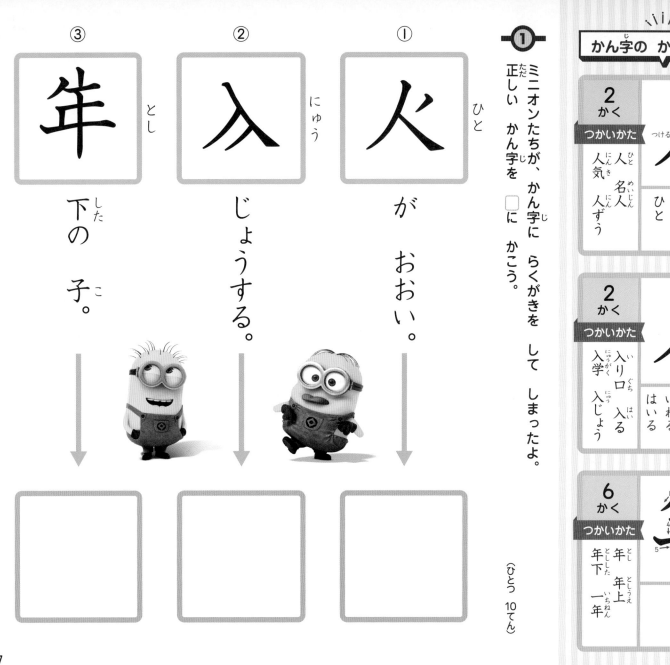

2

――の かん字《じ》の よみがなを かこう。（ひとつ 7てん）

①（　）人を あつめる。

② 竹《たけ》うまの 名人。（めい）

（うでまえが すぐれて いる ひと）

③ 学校《がっこう》の 入り口《ぐち》。（　）

④ いえに 入る。（　）

⑤ 年を とる。（　）

3

□に かん字《じ》を、（　）に ひらがなを かこう。（ひとつ 7てん）

① いごの めい□《じん》。

② クラスの □《にん》ずう。

③ 中《なか》に □《はいる》（　）。

④ □《にゅう》学《がく》しき。

⑤ 一《いち》□《ねん》生《せい》に なる。

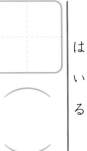

29

立・見・休

がつ　にち

はじめ　じ　ふん

おわり　じ　ふん

なまえ

とくてん　てん

かん字《じ》の かくにん

立　5かく

つかいかた：立《た》つ　立《た》てる　き立《りつ》する

よみかた：リツ　(リュウ)　たつ　たてる

（ながく）

見　7かく

つかいかた：見《み》える　見学《けんがく》　はっ見《けん》

よみかた：ケン　みる　みえる　みせる

（はねる）

休　6かく

つかいかた：休《やす》む　休日《きゅうじつ》

よみかた：キュウ　やすむ　やすまる　やすめる

（はらう）

①

ミニオンたちが、かん字《じ》を ばらばらに して しまったよ。もとの かん字《じ》を えらんで、せんで むすぼう。

（ひとつ　10てん）

① ② ③

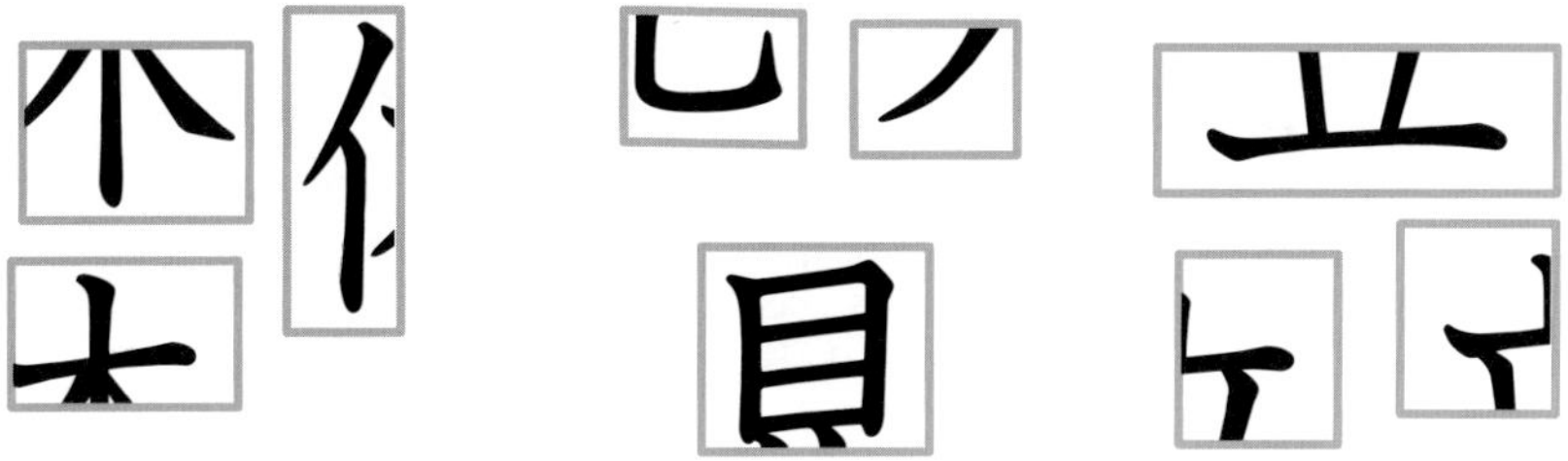

見　休　立　貝

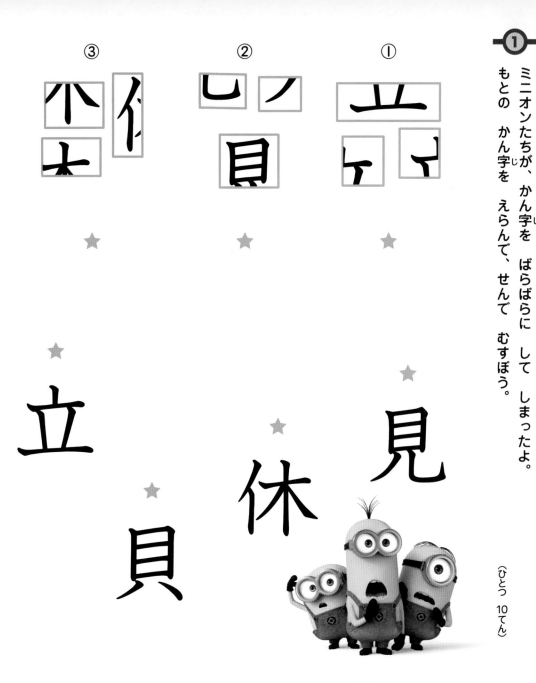

2

——の かん字《じ》の よみがなを かこう。（ひとつ 7てん）

① よこに 立っ。（　　）

② かんばんを 立てる。（　　）

③ 空《そら》が 見える。（　　）

④ こうじょう見学。（がく）
（みに いって まなぶ こと）

⑤ 木《こ》かげで 休む。（　　）

3

□に かん字《じ》を、（　）に ひらがなを かこう。（ひとつ 7てん）

① 右《みぎ》に □（　　）。
たつ

② き□する。
りつ
（せきから たちあがる）

③ 虫《むし》を はっ□する。
けん
（みつけだす）

④ よく □（　　）。
やすむ

⑤ □日に 出《で》かける。
きゅうじつ
（しごとや がっこうが やすみの ひ）

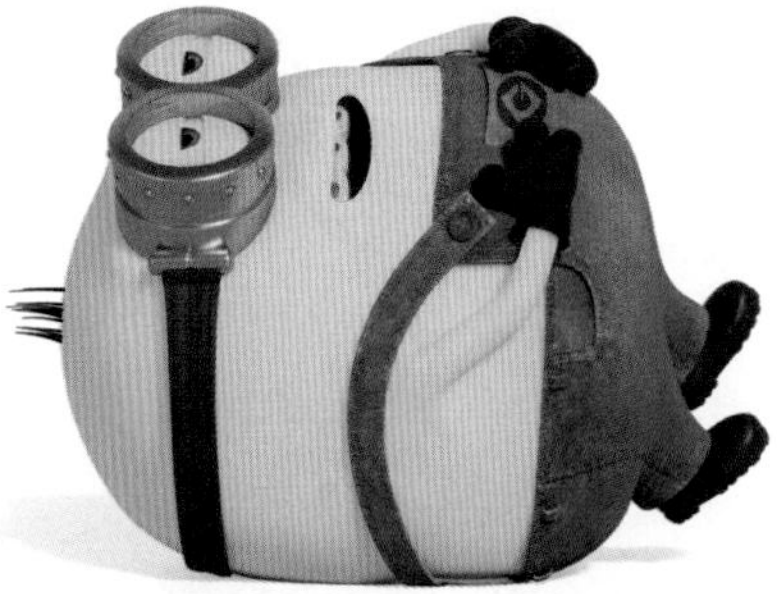

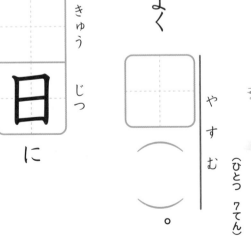

30 出・早・正

がつ　にち

はじめ　じ　ふん
おわり　じ　ふん

なまえ

とくてん　てん

かん字《じ》の かくにん

出	5かく（ださない）
つかいかた	出《で》る　出《だ》す　出《しゅつ》じょう
よみかた	シュツ　（スイ）　でる　だす
早	6かく（ながく）
つかいかた	早《はや》い　早《そう》たい
よみかた	ソウ・（サッ）　はやい　はやまる　はやめる
正	5かく（ださない）
つかいかた	正《ただ》しい　正《まさ》ゆめ　正《せい》もん　正月《しょうがつ》
よみかた	セイ　ショウ　ただしい　ただす　まさ

1 ミニオンたちが、ひらがなを ぬすんで しまったよ。□の ことばを かん字《じ》と ひらがなで かく ときの ひらがなを、□から えらんで （　）に かこう。

（ひとつ 10てん）

① でる … 出（　　）

② はやい … 早（　　）

③ ただしい … 正（　　）

〈ぬすんだ ひらがな〉

い　やい　る　しい

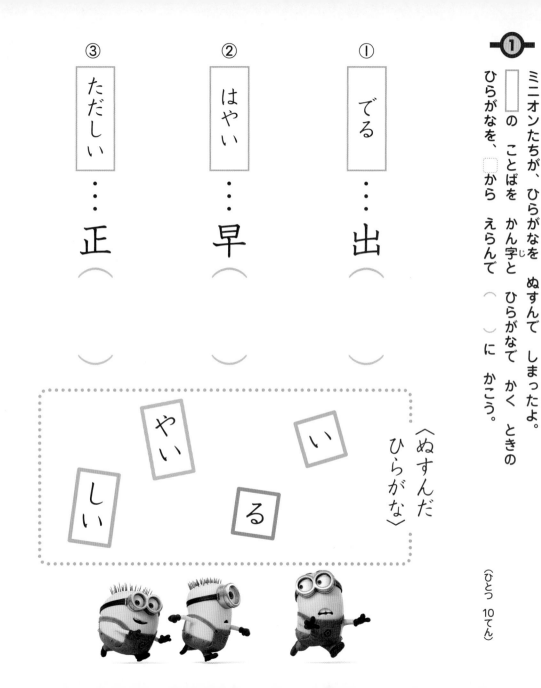

2

――の かん字《じ》の よみがなを かこう。

① いえを 出る。（　　）

② おきるのが 早い。（　　）

③ 早たいする。（　　）
（きまった じかんより はやく かえる こと）

④ れいぎ正しい。（　　）

⑤ 正ゆめと なる。（　　）
（ゆめで みた ことが ほんとうに なる こと）

（ひとつ 7てん）

3

□に かん字《じ》を、（　）に ひらがなを かこう。

① 本《ほん》を □《だ》（　）《す》。

② □《しゅつ》じょうする。
（きょうぎや もよおしに でる こと）

③ あさ □《はや》（　）《い》。

④ □《まさ》ゆめ。

⑤ □《しょう》月《がつ》が くる。

（ひとつ 7てん）

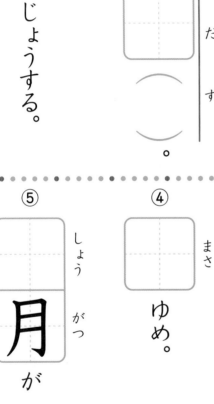

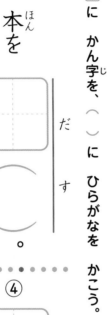

31 糸・金・音

がつ にち

はじめ じ ふん

おわり じ ふん

なまえ

とくてん てん

かん字《じ》の かくにん

糸 6かく

よみかた：シ　いと

つかいかた：糸《いと》　け糸《いと》　せい糸《し》

金 8かく（ながく）

よみかた：キン　コン　かね　かな

つかいかた：金《きん》いろ　お金《かね》　金《かな》ぐ　おう金《ごん》

音 9かく（ながく）

よみかた：オン　（イン）　おと・ね

つかいかた：足音《あしおと》　音《ね》いろ　音《おん》がく

①

(1)・(2)・(3)の ことばを、ひらがなで □に たてに かこう。デイブが ゆびさして いる ところを よこに よむと、ことばが できるよ。できた ことばを （ ）に かこう。

(ひとつ 10てん)

(1) 金ようび　(2) 糸でんわ　(3) 音がく

たて↓

◀うすい 字《じ》は なぞろう。

(3)	(2)	(1)
	②	
		①
③	で	
	ん	よ
が	わ	う
く		び

の ますには かかないよ。

ここ→

④（　　　）

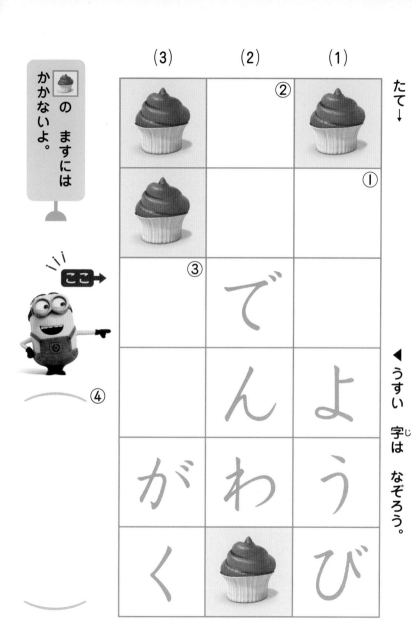

2

——の かん字《じ》の よみがなを かこう。

① け糸の セーター。（　　）

② 金いろの ボタン。（　　）

③ お金を はらう。（　　）

④ 足音が きこえる。（あし）

⑤ ピアノの 音いろ。（　　）

（ひとつ 6てん）

3

□に かん字《じ》を かこう。

① け□《いと》で あむ。

② かばんの □《かな》ぐ。
（どうぐなどに つける きんぞく）

③ おう□《ごん》。
（きん、きんいろ）

④ 足《あし》□《おと》が する。

⑤ □《おん》がくの じかん。

（ひとつ 6てん）

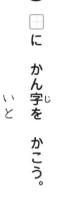

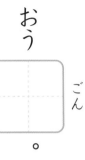

32 空・雨

がつ　にち

はじめ　じ　ふん

おわり　じ　ふん

なまえ

とくてん　てん

かん字《じ》の かくにん

空　8かく

まげる

つかいかた：空《そら》　空《から》っぽ　空《あ》く　空気《くうき》

よみかた：クウ　そら　あく　あける　から

雨　8かく

はねる

つかいかた：雨《あめ》　雨水《あまみず》　雨天《うてん》

よみかた：ウ　あめ　あま

①　ミニオンたちが、かん字《じ》の よみがなが かかれた バナナの うち、ひとつを たべて しまったよ。たべられた バナナを えらんで、せんで むすぼう。

（ひとつ 15てん）

①　空

くう　あく　あける　から

②　雨

う　あめ

★　★　★

あま　くも　そら

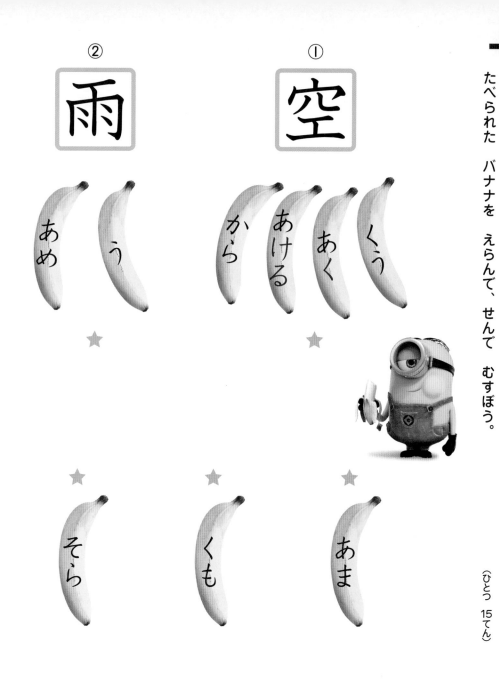

②

━の かん字《じ》の よみがなを かこう。

① はれた 空。（　）

② 空っぽに なる。（　）

③ きれいな 空気。（き）

④ 雨 のち はれ。（　）

⑤ 雨水《みず》が もれる。（　）

（ひとつ 7てん）

③

□に かん字《じ》を、（　）に ひらがなを かこう。

① せきが □《あく》（　）。

② □《くう》気《き》を すう。

③ □《あめ》が やむ。

④ □《あま》水《みず》が ながれる。

⑤ □《う》天《てん》に なる。（てんきが あめ）

（ひとつ 7てん）

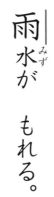

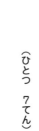

33 かくにんもんだい③

がつ　にち

はじめ　じ　ふん
おわり　じ　ふん

なまえ

とくてん　てん

① ――の　かん字《じ》の　よみがなを　かこう。（ひとつ　4てん）

① 村の　ひろば。（　）

② 森林が　ひろがる。（　）

③ 白い　せんを　ひく。（　）

④ 青い　うみを　見《み》る。（　）

⑤ 人が　あつまる。（　）

⑥ ゆっくりと　立つ。（　）

⑦ へやの　そとに　出る。（　）

⑧ 早く　おきる。（　）

⑨ 正月の　ようい。（　）

⑩ 金よう日《び》の　あさ。（　）

⑪ とりが　空を　とぶ。（　）

⑫ よわい　雨が　ふる。（　）

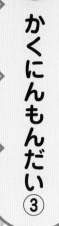

2

□に　かんじを　かこう。

① □《ちょう》ないの　人《ひと》。

② □《も》□《じ》を　かく。

③ □《がっ》□《こう》に　いく。

④ □《あか》の　えのぐ。

⑤ 一《いち》□《ねん》が　たつ。

⑥ すばらしい　はっ□《けん》。

⑦ □《いと》を　まく。

⑧ 小《ちい》さな　□《おと》。

（ひとつ　4てん）

3

――の　ことばを　かんじと　ひらがなで　かこう。

① へやに　はいる。

② ゆっくり　やすむ。

③ おきるのが　はやい。

④ ただしい　こたえ。

（ひとつ　5てん）

34 まとめもんだい①

がつ　にち

はじめ　じ　ふん
おわり　じ　ふん

なまえ

とくてん　てん

1 ——の　かん字《じ》の　よみがなを　かこう。（ひとつ　4てん）

① ひくい　山に　のぼる。
② 四月の　はじめ。
③ 火が　きえる。
④ 石を　ひろう。
⑤ 口を　大《おお》きく　あける。
⑥ うさぎの　耳。
⑦ 二つに　わける。
⑧ 五つの　おにぎり。
⑨ 八まいの　がようし。
⑩ 九この　あめ。
⑪ 百まで　かぞえる。
⑫ したに　下げる。

2

□に かん字《じ》を かこう。

① □《かわ》を のぼる。

② □《こ》かげで 休《やす》む。

③ □《なの》□《か》に なる。

④ □《た》んぼの なか。

⑤ □《すい》よう□《び》。

⑥ □《もく》ひょうを 立《た》てる。

⑦ □《せん》円《えん》 はらう。

⑧ □《ちゅう》学生《がくせい》の あに。

（ひとつ 4てん）

3

——の ことばを かん字《じ》と ひらがなで かこう。

① ひとつ たべる。 □

② みっつ かぞえる。 □

③ おおきい 石《いし》。 □

④ 二《に》かいに あがる。 □

（ひとつ 5てん）

35 まとめもんだい②

がつ　にち

はじめ　じ　ふん

おわり　じ　ふん

なまえ

とくてん　てん

① ——の　かん字《じ》の　よみがなを　かこう。

（ひとつ　4てん）

① 左右を　よく　見《み》る。

② 足あとを　たどる。

③ 夕がたに　かえる。

④ 男の　人《ひと》と　はなす。

⑤ 水《みず》玉の　もよう。

⑥ もうどう犬。

⑦ こん虫の　ずかん。

⑧ きれいな　貝がら。

⑨ 竹林《りん》に　入《はい》る。

⑩ 草花が　ゆれる。

⑪ 天気よほうを　見《み》る。

⑫ クラスの　女子。

2

□に かん字《じ》を かこう。

① □《ど》よう日《び》に なる。

② あく□《しゅ》を する。

③ あねが □《りき》そうする。

④ □《な》まえを よぶ。

⑤ □《おう》さまの いす。

⑥ じどう□《しゃ》に のる。

⑦ え□《ほん》を ひらく。

⑧ ゆび□《さき》で なぞる。

（ひとつ 4てん）

3

——の ことばを かん字《じ》と ひらがなで かこう。

① こめが たりる。

② まるい かがみ。

③ 花《はな》を いける。

④ ひげを はやす。

（ひとつ 5てん）

36 まとめもんだい③

がつ　にち

はじめ　じ　ふん
おわり　じ　ふん

なまえ

とくてん　てん

①

――の　かん字《じ》の　よみがなを　かこう。　（ひとつ　4てん）

① 町の　よう子《す》。（　）

② ちゅう文する。（　）

③ 字を　かく。（　）

④ あたらしい　校しゃ。（　）

⑤ 赤はんを　たべる。（　）

⑥ 入学しきが　おわる。（　）

⑦ 年上《うえ》の　人《ひと》。（　）

⑧ こうじょう見学。（　）

⑨ 早たいする。（　）

⑩ 糸でんわで　はなす。（　）

⑪ 音がくを　きく。（　）

⑫ 雨水《みず》が　たまる。（　）

2

□に かん字《じ》を かこう。

（ひとつ 4てん）

① □《そん》ちょうの いえ。

② □《しん》□《りん》こうえん。

③ □《しら》木《き》の たんす。

④ 名《めい》□《じん》の はなし。

⑤ ぜんいん き□《りつ》する。

⑥ □《しゅつ》じょうする。

⑦ お□《かね》を わたす。

⑧ せきが □《あ》く。

3

――の ことばを かん字《じ》と ひらがなで かこう。

（ひとつ 5てん）

① しろい くも。

② あおい そら。

③ ベンチで やすむ。

④ しせいを ただす。

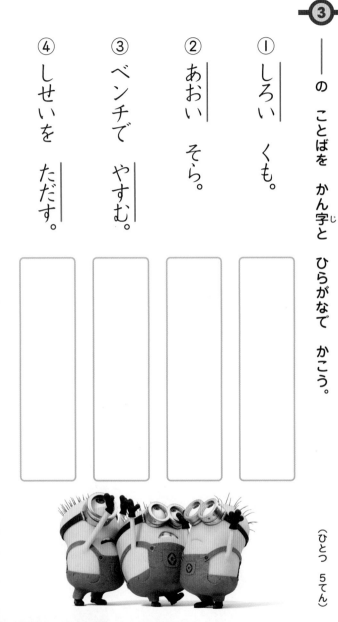

こたえ

一ねんせいまでに ならわない かんじや よみかたは、こたえと して あつかって いません。

1 川・山・木 3・4ページ

❶ ①川 ②山 ③木

❷ ①かわ ②やま ③さん ④き ⑤こ

❸ ①川 ②山 ③山 ④〈大〉木 ⑤木

2 日・月・火 5・6ページ

❶ ①日 ②月 ③火

❷ ①〈ゆう〉ひ ②〈なの〉か ③つき〈み〉 ④〈しょう〉がつ ⑤ひ

❸ ①日、日 ②〈休〉日 ③月 ④月 ⑤火、日

3 田・水・石 7・8ページ

❶ ①田 ②水 ③石

❷ ①た ②でん ③みず〈おと〉 ④せき ⑤いし

❸ ①田 ②水 ③水 ④石 ⑤石

ポイント！

❶ それぞれの かん字《じ》の なりたちを かくにんしましょう。①「田」は、田《た》んぼの かたちから できました。②「水」は、水《みず》の ながれる かたちから できました。③「石」は、がけから くずれて おちた 石《いし》の かたちから できました。

4 口・目・耳 9・10ページ

❶ ☒→目、☒→口、☒→耳

❷ ①くち ②〈じん〉こう ③め ④もく ⑤みみ

❸ ①〈一〉口 ②口 ③目 ④目 ⑤耳

ポイント！

❶ かたちの にて いる かん字《じ》に 気《き》を つけましょう。①「目」の よこぼうは 二本《にほん》です。

5 一・二・三 11・12ページ

❶ ①二 ②三 ③一

❷ ①ひと ②いち〈ねんせい〉 ③ふた ④み〈かづき〉 ⑤みっ

❸ ①一〈年〉 ②一 ③二〈月〉 ④三つ ⑤三〈本〉

6 四・五・六 13・14ページ

❶ ①六 ②四 ③五

❷ ①よ ②よっ ③いつ〈か〉 ④ご〈えん〉 ⑤むい〈か〉

❸ ①四 ②四〈月〉 ③五 ④六つ ⑤六〈年生〉

7 七・八・九
15・16ページ

① ①九　②八　③七

② ①なな　②なの〈か〉　③や
④ここの　⑤きゅう

③ ①七〈月〉　②八　③八〈日〉
④八　⑤九〈月〉

ポイント！

① かたちに　気《き》を　つけて
おぼえましょう。

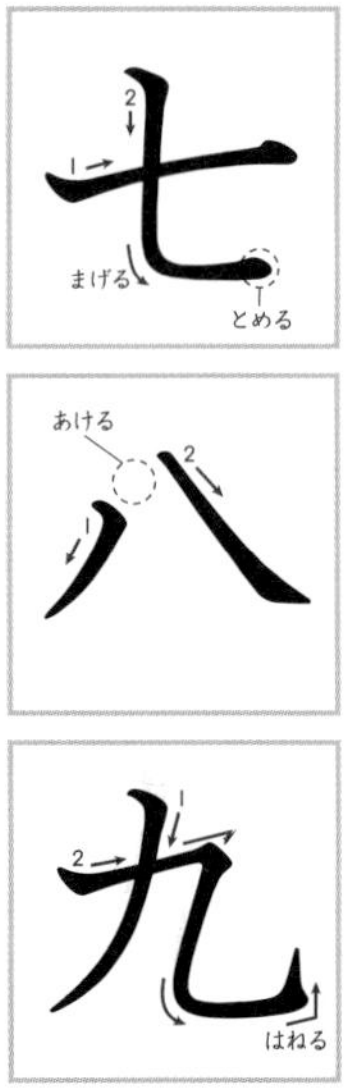

8 十・百・千
17・18ページ

① 十、百、千
※じゅんばんは　ちがっても　正《せい》かい。

② ①とお〈か〉
②じゅう〈にがつ〉
③ひゃく〈えん〉
⑤せん〈にん〉　④ち

③ ①十〈五〉　②十　③百　④千
⑤千〈年〉

9 大・中・小
19・20ページ

① ①大　②中　③小

② ①おお　②だい　③なか
④ちい　⑤こ

③ ①大　②大　③〈水〉中
④小〈川〉　⑤小〈学校〉

10 上・下
21・22ページ

① ①下　②上　③一に○

② ①うえ　②うわ　③した
④〈かわ〉しも　⑤さ

③ ①〈川〉上　②上げる　③上
④下る　⑤下

11 かくにんもんだい①
23・24ページ

① ①かわ　②き　③ごがつ　④た
⑤せき　⑥め　⑦みかづき
⑧なな　⑨じゅう　⑩ち　⑪なか
⑫じょう

② ①山　②火　③水　④一口　⑤耳
⑥二百　⑦六　⑧八

③ ①九つ　②大きい　③小さい
④下る

ポイント！

③ ①は、「九つ」と　かきます。
「九のつ」と　まちがえないように
気《き》を　つけましょう。
④の　「下《くだ》る」を　「下《く》だる」と
まちがえないように　気《き》を
つけましょう。

12 土・右・左
25・26ページ

① 土、右、左
※じゅんばんは　ちがっても　正《せい》かい。

② ①つち　②と　③みぎ〈あし〉
④う　⑤ひだり〈て〉

③ ①土　②土　③右〈手〉
④左〈足〉　⑤左右

13 手・足・力 27・28ページ

❶ ①手 ②足 ③力

❷ ①て ②てあし ③た ④ちから
⑤〈か〉りょく

❸ ①手 ②足りる ③足 ④力
⑤力

14 夕・名・円 29・30ページ

❶ ①円 ②名 ③夕

❷ ①ゆう ②な ③めい ④まる
⑤ひゃく〈えん〉

❸ ①夕 ②名〈字〉 ③名 ④円い
⑤円

15 王・玉・車 31・32ページ

❶ ①…(○) ②…(×) ③…(○)

❷ ①おう ②だま ③ぎょく
④くるま ⑤しゃ

❸ ①王 ②〈水〉玉 ③玉 ④車
⑤車

ポイント！

❶ 「車」に 「、」は ありません。
「王」と 「玉」は かたちが にて いるので、気《き》を つけましょう。

16 犬・虫 33・34ページ

❶ ① [、] (○) [ノ] ( )
② [ナ] ( ) [乀] (○)

❷ ①いぬ ②けん ③いぬ
④むし ⑤ちゅう

❸ ①犬 ②犬 ③犬 ④虫 ⑤虫

ポイント！

❶ ① 「犬」は、「、」の むきに 気《き》を つけましょう。
② 「虫」の さいごの 「、」は つき出《だ》さないように かきます。

17 貝・竹 35・36ページ

❶ ①貝 ②竹

❷ ①かい ②がい ③たけ ④たけ
⑤ちく〈りん〉

❸ ①貝 ②貝 ③竹 ④竹
⑤竹〈林〉

18 花・草 37・38ページ

❶ ① [艹] → [亻] → [匕] → 花
② [艹] → [日] → [十] → 草

❷ ①はな ②か ③か ④くさ
⑤そう

❸ ①花 ②花 ③花 ④草花 ⑤草

ポイント！

❶ 「花」と 「草」は、おなじ 「艹」の ある かん字《じ》です。
それぞれ 正《ただ》しい かたちを おぼえましょう。

19 天・気　39・40ページ

❶ ①天気　天
~~天~~気、~~天~~の川

❷ ①あま　②てん　③き　④き　⑤け

❸ ①天　②天気　③〈人〉気　④気　⑤〈水〉気

20 子・女・男　41・42ページ

❶ ①こ　②おんな　③おとこ

❷ ①こ　②じょし　③おんな　④おとこ　⑤だんじょ

❸ ①子　②子　③女、子　④男　⑤男

ポイント！

❶ かん字《じ》の　正《ただ》しい　よみかたを　おぼえましょう。
①「子」は、「こ」の　ほかに、「シ」「ス」と　いう　よみかたも　あります。「女《おんな》の子《こ》」「男子《だんし》」「よう子《す》」のように　つかいます。

21 本・先・生　43・44ページ

❶ ①本　②先　③生

❷ ①ほん　②もと　③さき　④〈いっ〉しょう　⑤は

❸ ①本　②先生　③生　④生まれる　⑤生

22 かくにんもんだい②　45・46ページ

❶ ①つち　②て　③ちから　④な　⑤おう　⑥くるま　⑦むし　⑧たけ　⑨くさ　⑩だんし　⑪ほん　⑫せんせい

❷ ①左右　②夕　③玉　④犬　⑤貝　⑥花　⑦天気　⑧女子

❸ ①足りる　②円い　③生える　④生まれる

23 町・村　47・48ページ

❶ ①まち　②むら

❷ ①まち　②まち　③ちょう　④むら　⑤むら〈びと〉

❸ ①町　②町　③村　④村〈人〉　⑤村

24 林・森　49・50ページ

❶ 林、森
※じゅんばんは　ちがっても　正《せい》かい。

❷ ①はやし　②〈ちく〉りん　③〈さん〉りん　④もり　⑤しんりん

❸ ①林　②〈竹〉林　③〈山〉林　④森　⑤森林

ポイント！

❶ かん字《じ》の　かたちを　正《ただ》しく　おぼえましょう。
「林」は　「木」が　二《ふた》つ、「森」は　「木」が　三《みっ》つです。

25 文・字 51・52ページ

①①文 ②字
②①ぶん ②ぶん ③もん ④じ
⑤もじ
③①文 ②文 ③文 ④字
⑤文字

26 学・校 53・54ページ

①①学 ②校
②①まな ②がく〈せい〉
③がっこう ④こう ⑤こう
③①学ぶ ②学〈生〉 ③学校
④校 ⑤校

ポイント！

① かん字《じ》の かたちを 正《ただ》しく おぼえましょう。①の「学」は、「学」と かきまちがえやすいので 気《き》を つけましょう。

27 白・赤・青 55・56ページ

① 白→赤→青→○
②①しろ ②しら〈き〉 ③あか
④あお ⑤あお
③①白い ②白 ③赤 ④青い
⑤青〈年〉

ポイント！

①「白」「赤」「青」は、どれも いろの 名《な》まえの かん字《じ》です。「村」と「円」は、いろの 名《な》まえでは ありません。

28 人・入・年 57・58ページ

①①人 ②入 ③年
②①ひと ②〈めい〉じん
③い ④はい ⑤とし
③①人 ②人 ③入る ④入〈学〉
⑤〈一〉年〈生〉

29 立・見・休 59・60ページ

①①立 ②見 ③休
②①た ②た ③み
④けん〈がく〉 ⑤やす
③①立つ ②立 ③見 ④休む
⑤休〈日〉

30 出・早・正 61・62ページ

①①る ②い ③しい
②①で ②はや ③そう ④ただ
⑤まさ
③①出す ②出 ③早い
④正 ⑤正〈月〉

ポイント！

①②は、「早い」と かきます。「早やい」と まちがえないように 気《き》を つけましょう。③は、「正しい」と かきます。「正い」と まちがえないように 気《き》を つけましょう。

31 糸・金・音 63・64ページ

❶ ①きん〈ようび〉 ②いと〈でんわ〉 ③おん〈がく〉 ④おでん

❷ ①いと ②きん ③かね ④〈あし〉おと ⑤ね

❸ ①糸 ②金 ③金 ④〈足〉音 ⑤音

ポイント!

❶ しぜんな ことばに なる よみがなを かんがえて かきましょう。

32 空・雨 65・66ページ

❶ ①そら ②あま

❷ ①そら ②から ③くう〈き〉 ④あめ ⑤あま

❸ ①空く ②空〈気〉 ③雨 ④雨〈水〉 ⑤雨〈天〉

33 かくにんもんだい③ 67・68ページ

❶ ①むら ②しんりん ③しろ ④あお ⑤ひと ⑥た ⑦で ⑧はや ⑨しょうがつ ⑩きん ⑪そら ⑫あめ

❷ ①町 ②文字 ③学校 ④赤 ⑤年 ⑥見 ⑦糸 ⑧音

❸ ①入る ②休む ③早い ④正しい

34 まとめもんだい① 69・70ページ

❶ ①やま ②しがつ ③ひ ④いし ⑤くち ⑥みみ ⑦ふた ⑧いつ ⑨はち ⑩きゅう ⑪ひゃく ⑫さ

❷ ①川 ②木 ③七日 ④田 ⑤水、日 ⑥目 ⑦千 ⑧中

❸ ①一つ ②三つ ③大きい ④上がる

35 まとめもんだい② 71・72ページ

❶ ①さゆう ②あし ③ゆう ④おとこ ⑤たま ⑥けん ⑦ちゅう ⑧かい ⑨ちく ⑩くさばな ⑪てんき ⑫じょし

❷ ①土 ②手 ③力 ④名 ⑤王 ⑥車 ⑦本 ⑧先

❸ ①足りる ②円い ③生ける ④生やす

36 まとめもんだい③ 73・74ページ

❶ ①まち ②もん ③じ ④こう ⑤せき ⑥にゅうがく ⑦とし ⑧けんがく ⑨そう ⑩いと ⑪おん ⑫あま

❷ ①村 ②森林 ③白 ④人 ⑤立 ⑥出 ⑦金 ⑧空

❸ ①白い ②青い ③休む ④正す